Chamaecyparis lawsoniana
Lawsons Scheinzypresse
Cupressaceae, Zypressengewächse

Heimat: Westliche USA.
Wuchs: Schmal kegelförmiger Baum, Spitzen überhängend. Borke violettbraun, Stamm glatt. Äste abstehend.
Blatt: Schuppenförmig, dachziegelartig überlappend.
Blüte: Einhäusig. Männliche Blüten karminrot, weibliche Blüten unscheinbar, IV.
Frucht: Kugelige Zäpfchen, bis 1 cm dick, braun.
Standort: Humusreiche Böden im Halbschatten.
Verwendung: Einzelstellung, Hecke (auch geschnitten), für Gärten und Parks.
Sorten: 'Alumii', dichte, blaugrüne Säule, 8–10 m. 'Lane', kegelförmig, gelb, 5–6 m.
Sonstiges: Für nicht zu trockene Standorte.

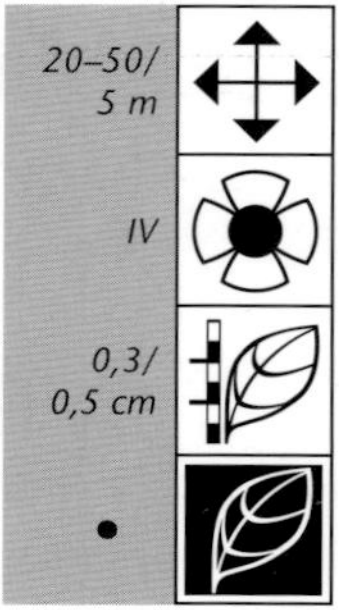

?

Pinus nigra

Schwarz-Kiefer
Pinaceae, Kieferngewächse

Heimat: Europa, in verschiedenen Sippen.
Wuchs: Krone erst kegel-, später schirmförmig. Äste waagerecht abstehend. Borke schwarzbraun, tiefrissig.
Blatt: Nadeln zu 2, dunkelgrün, 8–16 cm lang.
Blüte: Einhäusig, männliche Blüten gelb, weibliche Blüten klein und grün; V.
Frucht: Zapfen braun, 4–9 cm lang.
Standort: Warme Lagen, kalkreiche Böden in voller Sonne.
Verwendung: Einzeln oder in Gruppen in Parks und im Forst.
Sorten/Arten: 'Pygmaea', Zwergform, kugeliger Wuchs. *P. nigra* subsp. *nigra*, Österreichische Schwarz-Kiefer, Südeuropa (Bild).
Sonstiges: Wärmeliebend, Sippen aus dem Mittelmeergebiet brauchen Winterschutz.

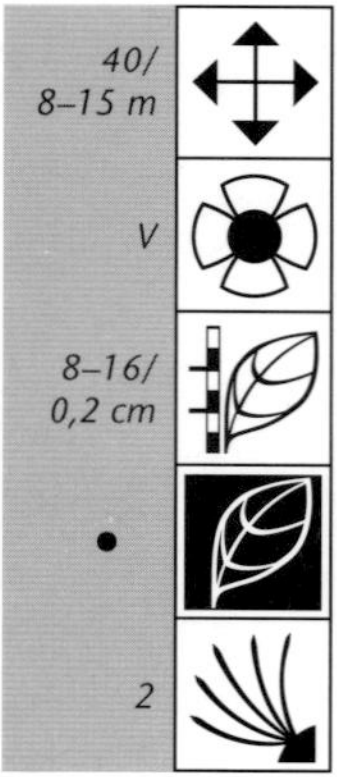

?

Quercus robur

Stiel-Eiche

Fagaceae, Buchengewächse

Heimat: Europa bis zum Kaukasus.

Wuchs: Baum, breit gewölbte Krone, Stamm meist kurz, dick und walzenförmig, geht nicht bis zum Gipfel durch. Borke dick, dunkelgrau, tief gefurcht.

Blatt: Wechselständig, am Triebende gehäuft, bis 24 cm lang, verkehrt eiförmig, regelmäßig gelappt, im Herbst braun. Blattbasis geöhrt, Stiel bis 1 cm lang.

Blüte: Einhäusig, männliche Kätzchen gelbgrün, IV–V.

Frucht: Mehrere Nüsse an langem Stiel.

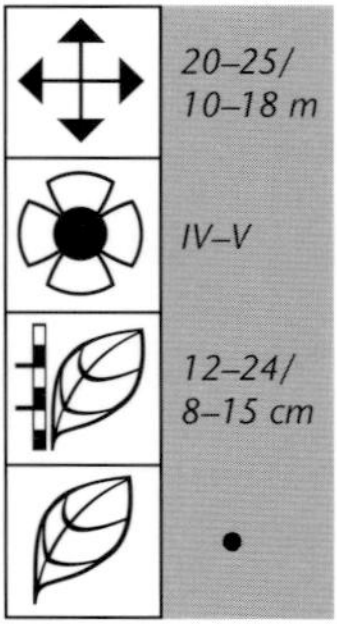

Standort: Durchlässige Lehmböden, kalkhold, sonnige Lagen.

Verwendung: Einzeln in Parkanlagen, Forstbaum.

Sorten: ‘Fastigiata’, Säulen-Eiche.

Sonstiges: Pflanzung im Frühling, auf Mehltau achten.

Thuja occidentalis

Abendländischer Lebensbaum
Cupressaceae, Zypressengewächse

Heimat: Nordamerika.
Wuchs: Baum mit kegelförmiger Krone, Gipfeltriebe immer aufrecht stehend. Borke braunrot, längsrissig, löst sich in dünnen Streifen ab.
Blatt: Schuppenblätter mattgrün, im Winter bräunlich, Duft aromatisch.
Blüte: Einhäusig, Blüten unscheinbar; IV–V.
Frucht: Längliche Zapfenfrüchte, 8–12 mm lang, hellbraun.
Standort: Nährstoffreiche, auch feuchtere Plätze in voller Sonne und Schatten.
Verwendung: Hohe Schnitthecken, Einzelstellung in Gärten und Parks. Nicht für Kinderspielplätze, da ganze Pflanze giftig!
Sorten: 'Smaragd', frischgrün und säulenförmig, ideale Heckenpflanze.
Sonstiges: Auf Pilzkrankheiten achten.

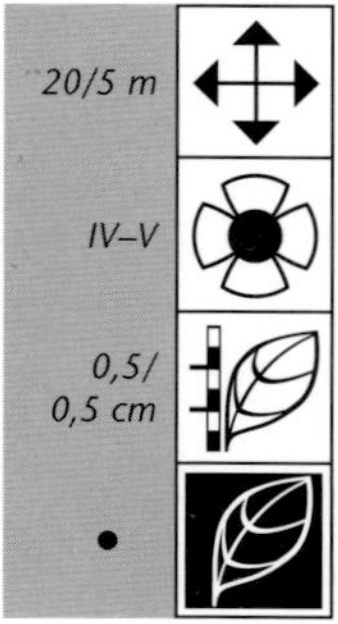

?

Buxus sempervirens

Gewöhnlicher Buchsbaum
Buxaceae, Buchsbaumgewächse

Heimat: Europa, Asien.

Wuchs: Breit aufrechter Strauch, auch als Kleinbaum möglich.

Blatt: Immergrün, gegenständig, oft gewölbt, eiförmig, 3 cm lang und ledrig.

Blüte: Gelblich grün in den Blattachseln, unscheinbar; IV–V.

Frucht: 3-klappige Kapsel, 7–8 mm, enthält schwarze Samen.

Standort: Sonnige, warme Plätze auf kalkreichen Böden.

Verwendung: In Gruppen oder als Solitär, vielfach als Heckenpflanze.

Sorten: 'Suffruticosa', der „Einfassungsbuchs", wird nur 1 m hoch.

Sonstiges: Ganz anspruchslose Heckenpflanze.

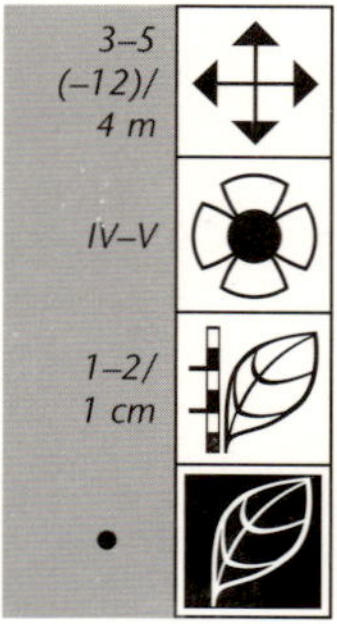

?

Betula pendula

Hänge-Birke, Sand-Birke, Warzen-Birke, Weiß-Birke
Betulaceae, Birkengewächse

Heimat: Europa, Kleinasien.
Wuchs: Meist schlank aufrecht, auch strauchig, im Alter hängend. Borke weiß mit schwarzen Wülsten, rau und rissig, Triebe warzig, dünne Zweige. Dünne Borke rollt sich waagerecht ab (Ringelborke).
Blatt: Rautenförmig bis dreieckig, 4–7 cm lang, keilförmige Basis, frischgrün, goldgelbe Färbung im Herbst.
Blüte: Einhäusig. Männliche Kätzchen gelb; III–IV.
Frucht: Walzenförmige Kätzchen, 2–3 cm lang, Samen klein und geflügelt (Nussfrucht).
Standort: Sonnige trockene Lagen, verträgt fast alle Bodenarten.
Verwendung: Einzelstand, Alleen in Parks und größeren Gärten, Flachwurzler.
Sorten: 'Dalecarlica', geschlitzt.
Sonstiges: Nicht mit anderen

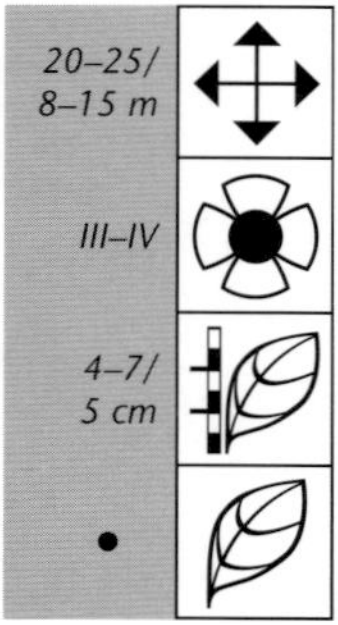

Martin Haberer

Was ist das?
Die 120 wichtigsten Gehölze

Gehölze spielend leicht erkennen

120 Karten ermöglichen das schnelle Erkennen der beliebtesten und wichtigsten Gehölze. Die Beschreibungen helfen, die Pflanzen besser zu pflegen, ihre Bedürfnisse zu erkennen und standortgerechte neue Pflanzen einzukaufen. Egal ob Sie die Karten zum gezielten Einkauf von Pflanzen mitnehmen oder als Auszubildender oder Student in der Straßenbahn oder im Zug schnell noch lernen wollen – die praktische Box passt selbst in die Hosentasche.

Ulmer

Titelbild: Bildagentur Waldhäusl/Arco Digital Images/
de Cuveland
Alle anderen Fotos ohne Quellenangabe stammen vom Autor.

Bibliografische Information der Deutschen Nationalbibliothek
Die Deutsche Nationalbibliothek verzeichnet diese Publikation in der Deutschen Nationalbibliografie; detaillierte bibliografische Daten sind im Internet über http://dnb.d-nb.de abrufbar.

Wollgrasweg 41, 70599 Stuttgart (Hohenheim)
E-Mail: info@ulmer.de
Internet: www.ulmer.de
Umschlaggestaltung: Atelier Reichert, Stuttgart
Lektorat: Werner Baumeister
Printed in China

ISBN: 978-3-8001-5760-0

Symbole

Folgende Symbole werden in den Pflanzenbeschreibungen verwendet:

 Höhe/Breite in Metern

 Blatt- bzw. Nadellänge/Breite in cm

 Immergrüne Nadeln oder Blätter

 Wintergrüne Nadeln oder Blätter

 Sommergrüne Nadeln oder Blätter

 Blütezeit (Monate in römischen Ziffern)

 Nadelanzahl pro Kurztrieb

 Winterschutz erforderlich

 Giftige Pflanze

Es werden folgende **Abkürzungen und Zeichen** benutzt:
subsp: *Subspecies* = Unterart mit von der Art abweichenden Merkmalen
var.: *Varietät* = Varietät mit abweichenden Merkmalen
Syn: *Synonym* = überholter Nebenname
×: Kreuzung zweier nah verwandter Gattungen oder Arten

Abies koreana
Koreanische Tanne, Korea-Tanne
Pinaceae, Kieferngewächse

Heimat: Korea.
Wuchs: Schwach, pyramidenförmig. Borke grau, rau.
Blatt: Nadeln dunkelgrün, bürstenförmig angeordnet, 1–2 cm lang.
Blüte: Einhäusig. Unscheinbar, ♂ gelb, ♀ violett; IV–V.
Frucht: Viele aufrechte Zapfen, in der Jugend violett, 5–7 cm.
Standort: Halbschatten, humose, saure Böden.
Verwendung: Einzelstellung, für kleinere Gärten.
Sorten: 'Horstmanns Silberlocke', unterseits silbrige Nadeln.
Sonstiges: Als Veredlung schwächer wachsend, trägt aber früher Zapfen.

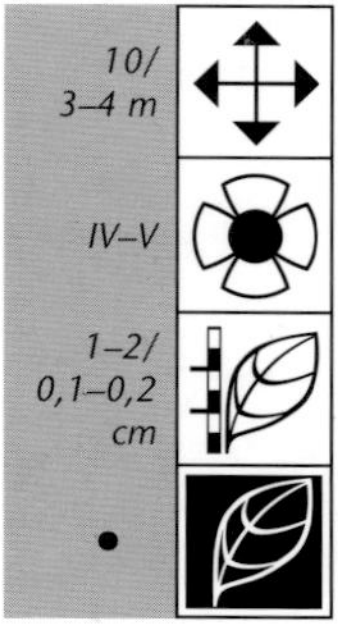

Foto: Dr. Helmut Pirc

Juniperus communis
Gewöhnlicher Wacholder
Cupressaceae, Zypressengewächse

Heimat: Europa, Asien, Amerika und Nordafrika.
Wuchs: Vielgestaltiger Strauch oder Baum. Borke rötlich braun, längsstreifig, dünn.
Blatt: Stechende Nadeln grauweiß, bis 2 cm.
Blüte: Zweihäusig, unscheinbar gelblich, IV.
Frucht: Schwarzblau bereifte Beerenzapfen, 0,6 cm, reift im 2. oder 3. Jahr.
Standort: Sonnige, trockene, aber magere Böden. Kommt auf Kalk und im Moor vor.
Verwendung: Für Heide- und Steingärten in sonnigen Lagen.

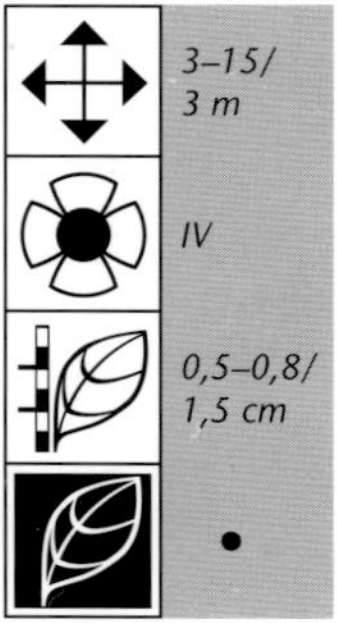

Weitere Sorten und Arten: 'Hibernica', Irischer Säulen-Wacholder, schmale Säulenform, 5 m. *J. communis* subsp. *alpina*, Zwerg-Wacholder mit niederliegendem Wuchs, heimisch. *J. sabina* kriechender bis aufrechter Wuchs; zur Flächenbefestigung; heimisch; giftig!

?

Juniperus horizontalis
Kriech-Wacholder
Cupressaceae, Zypressengewächse

Heimat: Nordamerika bis Alaska.
Wuchs: Niederliegend, teppichbildender, weithin kriechender Strauch. Zahlreiche, kurze Triebe. Borke graubraun.
Blatt: Schuppig, nicht stechend, blaugrün.
Blüte: Zweihäusig, unscheinbar, gelblich; IV.
Frucht: Blau bereifter Beerenzapfen, 0,5 cm.
Standort: Humose, durchlässige Böden in sonniger Lage.
Verwendung: Wichtiger Flächenbegrüner für Böschungen, Mauerkronen, Gräber.
Sorten: 'Glauca', wertvollste Sorte mit stahlblauer Färbung (Bild).
Sonstiges: Anspruchslos.

	0,3/ 1,5–2 m
	IV
	0,5/ 0,5 cm
	•

Picea abies 'Nidiformis'
Nest-Fichte
Pinaceae, Kieferngewächse

Heimat: Züchtung, um 1904 bei Hamburg entdeckt.
Wuchs: Halbkugelig, abgeflacht, in der Mitte eingesenkt. Es wird kein Mitteltrieb gebildet, die Äste stehen schräg nach außen.
Blatt: Nadeln hellgrün, 7–10 mm lang, gescheitelt an hellbraunen Trieben.
Blüte: Einhäusig, männliche Blüten gelb; weibliche Blüten zapfenförmig, rot; IV–V.
Standort: Frische, humose Gartenböden in voller Sonne.
Verwendung: Einzeln für Steingärten, Gräber, Tröge.
Sorten: Noch kleiner werden 'Little Gem', 40 cm. 'Echiniformis', Igel-Fichte, 30 cm; besticht durch runde, geschlossene, unregelmäßig wachsende Form.

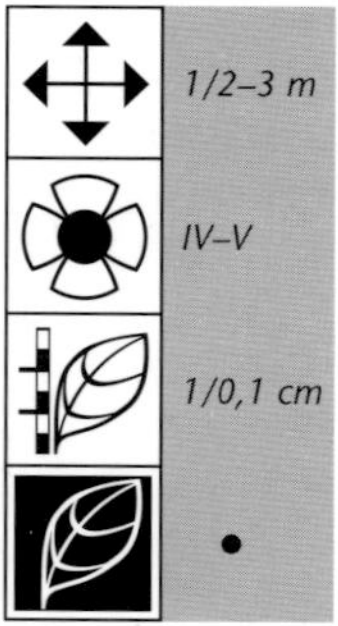

Picea omorika

Serbische Fichte
Pinaceae, Kieferngewächse

Heimat: Jugoslawien, im Tara-Gebirge des Drina-Gebietes.
Wuchs: Schmale, kegelförmige Krone. Kulturpflanzen werden breiter. Borke dunkelbraun, Äste kurz, fast waagerecht gebogen.
Blatt: Nadeln dunkelgrün, unterseits blauweiß, 2 cm lang.
Blüte: Einhäusig, männliche Blüten gelb; weibliche Blüten zapfenförmig, rot; V.
Frucht: Zapfen 5–6 cm lang, 1 cm dick.
Standort: Tiefgründige, durchlässige und mineralreiche Böden. Sonnige Lage.
Verwendung: Einzeln, Gruppen oder Hecken, sogar für Schnitthecken geeignet.
Sorten: 'Nana' bis 3 m hoch, dichter.
Sonstiges: Keine Staunässe, wird dann braun und stirbt ab. Abhilfe durch Dränage und magnesiumhaltige Düngergaben.

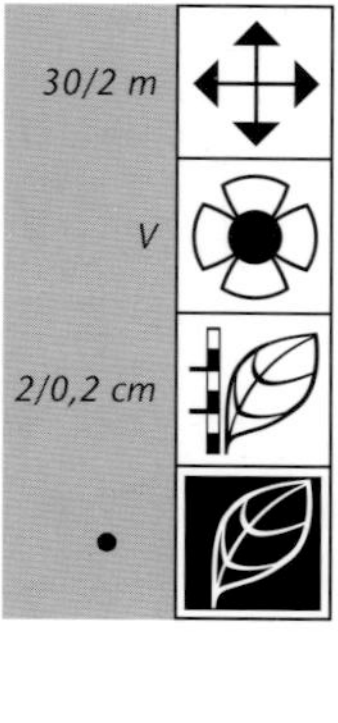

?

Pinus mugo

Krummholz-Kiefer, Berg-Kiefer, Latsche
Pinaceae, Kieferngewächse

Heimat: Kalkalpen bis zum Balkan, Apennin.

Wuchs: Niederliegend, Äste knieförmig gebogen, aufstrebend. Borke graubraun, rau.

Blatt: Nadeln zu 2, sichelförmig gebogen, oft waagerecht abstehend, grün.

Blüte: Einhäusig, männliche Blüten gelb, auffällig; weibliche Blüten grünrot; IV.

Frucht: Zapfen kegelförmig, braun, hängend oder abstehend, 3–7 cm lang.

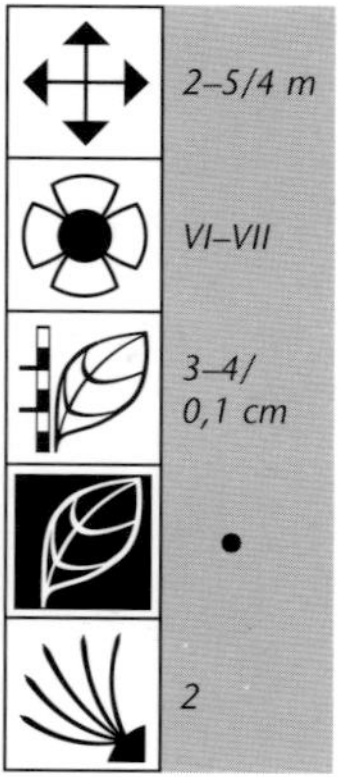

Standort: Kalkgebiete in sonnigen und halbschattigen Lagen.

Verwendung: Gärten und Parkanlagen, hoher Platzbedarf. Weniger Platz brauchen: *P. mugo* subsp. *mugo*, Ostalpen, nur 2–3 m. *P. m.* subsp. *pumilio*, nur 150 cm.

Sorten: 'Mops', 100 cm. 'Gnom', 1,50 m. Für Heide-, Stein und Dachgärten, Gräber. Hecken.

?

Pinus sylvestris

Föhre, Wald-Kiefer,
Gewöhnliche Kiefer
Pinaceae, Kieferngewächse

Heimat: Europa bis Sibirien und Kleinasien.
Wuchs: Aufrecht, Krone erst kegel-, später schirmförmig. Borke rotbraun, fein geschuppt, später dick und längsgefurcht.
Blatt: Nadeln zu 2, blau- bis graugrün, gedreht, 3–7 cm lang.
Blüte: Einhäusig, männliche Blüten gelb, weibliche Blüten rotbraun; V–VI.
Frucht: Gestielte Zapfen, hängend, oval kegelförmig, graubraun, 3–8 cm.
Standort: Nährstoff- und kalkarme Böden in voller Sonne. Verträgt Hitze und Kälte, aber auch Trockenheit und feuchte Moorböden.
Verwendung: Parkanlagen, Forst; Sorten für Hausgärten.
Sorten: 'Watereri', Silber-Kiefer mit eirundlichem Wuchs, 4 m.
Sonstiges: Besonders anspruchslos.

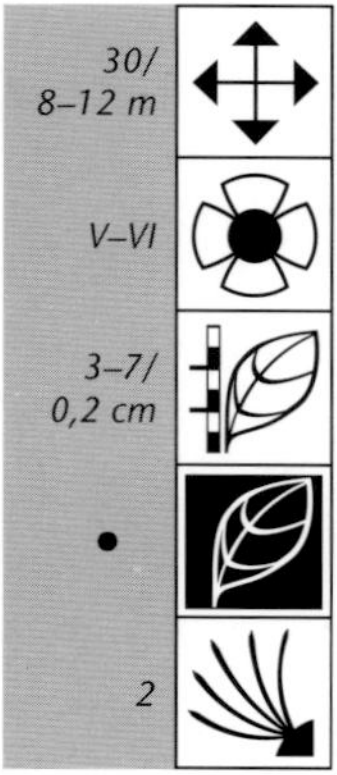

Foto: Eberhard Morell

Taxus baccata

Gewöhnliche Eibe
Taxaceae, Eibengewächse

Heimat: Nordafrika, Europa bis Vorderasien.
Wuchs: Großstrauch bis baumförmig, erst kegelförmige, später breitrunde Krone. Borke rotbraun, abfasernd.
Blatt: Nadeln dunkelgrün, flach, 1–3,5 cm lang, unterseits hellgrün.
Blüte: Zweihäusig, männliche Blüten gelblich, weibliche Blüten grün, unscheinbar; III.
Frucht: Grüne Samen sind von ungiftigem roten Samenmantel (Arillus) umschlossen, 1 cm.
Standort: Saure, humose Böden im Halbschatten und Schatten.
Verwendung: Einzeln oder in Gruppen in Parks und Gärten, auch als Schnitthecke.
Sorten: 'Fastigiata', Säulen-Eibe, 3–5 m. 'Repandens', Kissen-Eibe, 50 cm, 2 m breit.
Sonstiges: Nie an Kinderspielplätzen verwenden, ganze Pflanze ist stark giftig!

10–20/ 6–12 m

III

3/0,2 cm

•

?

Acer palmatum

Fächer-Ahorn

Aceraceae, Ahorngewächse

Heimat: Japan und Korea.

Wuchs: Breitbuschig, bei uns 5–8 m hoch, viele Sorten nur bis 2 m.

Blatt: Fächerförmig, grün, 5- bis 11-lappig, tief eingeschnitten, 5–10 cm breit. Im Herbst leuchtend rote Färbung.

Blüte: Traube, unscheinbar, rot und weiß; V–VI.

Frucht: Spaltfrucht, 1–2 cm lang, braun, geflügelt.

Standort: Tiefgründige, humose Gartenböden, leichter Schatten.

Verwendung: Unbedingt einzeln pflanzen.

Sorten: Sehr viele Sorten bekannt. 'Atropurpureum', Blätter trübrot, im Herbst leuchtender, 5- bis 11-lappig. 'Dissectum', Blätter grün, fein geschlitzt, 2–3 m. 'Dissectum Ornatum', fein geschnittene, rote Blätter, 1–2 m.

Sonstiges: Vermehrung durch Aussaat, die Sorten durch Veredlung.

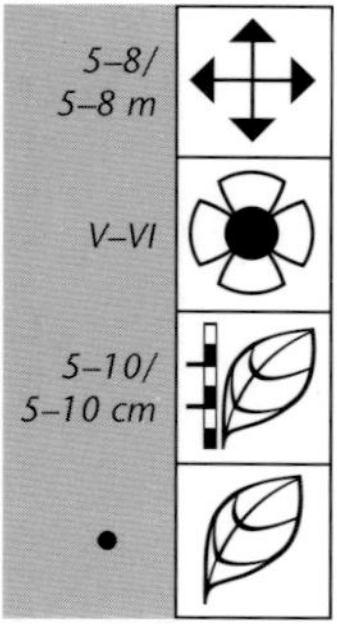

Foto: Dr. Helmut Pirc

?

Acer platanoides 'Globosum'
Kugel-Spitz-Ahorn
Aceraceae, Ahorngewächse

Heimat: Cultivar.
Wuchs: Kugelige Krone, 5–7 m hoch, 5 m breit, meist als Hochstamm veredelt. Borke längsrissig, Zweige mit rotbraunen, gegenständig angeordneten Knospen.
Blatt: Spitz, 5- bis 7-lappig, bis 18 cm groß, glänzend grün, Herbstlaub orange, Blattstiel mit weißem Milchsaft.
Blüte: Gelbgrün in aufrechten Doldentrauben vor dem Laubaustrieb; IV.
Frucht: Spaltfrucht, fast waagerecht geflügelt, braun, hängen in Büscheln zusammen.
Standort: Eher trockene Böden in voller Sonne.
Verwendung: Guter Straßenbaum, an Parkplätzen, im Einzelstand.
Sonstiges: Benötigt keinen Schnitt.

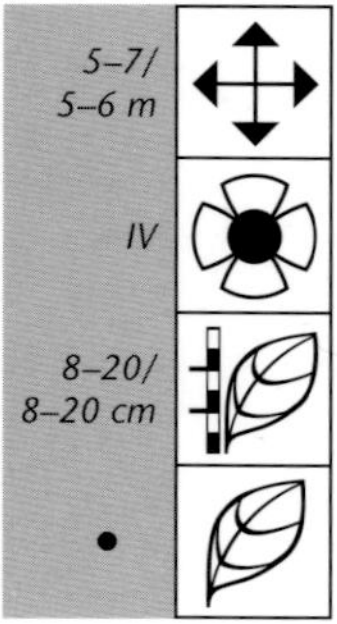

?

Acer tataricum subsp. **ginnala** (Syn. A. ginnala)
Feuer-Ahorn
Aceraceae, Ahorngewächse

Heimat: Ostasien, vorwiegend Japan, China.
Wuchs: Mehrstämmiger Kleinbaum, breit aufrecht. Borke grau, glatt.
Blatt: 3-lappig mit großem Mittellappen, 6–8 cm, rote Herbstfärbung.
Blüte: Gelblich weiß in dichten Rispen; V.
Frucht: Spaltfrucht, grünrot, später braun.
Standort: Sonnige bis halbschattige Lagen, lehmig humose Böden.
Verwendung: Im Einzelstand für kleine Gärten und Parks.

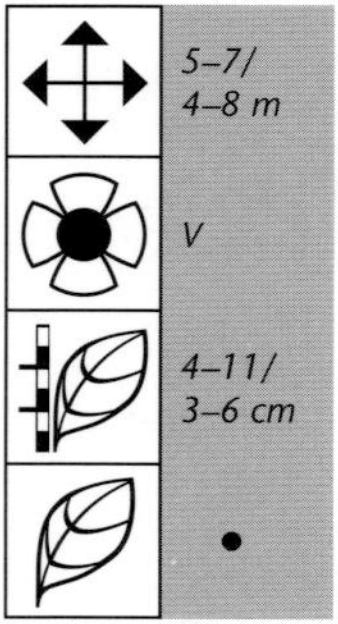

Sorten: Ähnlich ist A. tataricum mit etwas breiteren Blättern, Wuchs stärker.
Sonstiges: Leidet in kalten Lagen.

?

Aesculus × carnea

Fleischfarbene Rosskastanie
Hippocastanaceae, Rosskastaniengewächse

Heimat: Züchtung: *Aesculus hippocastanum x Aesculus pavia.*

Wuchs: Hoher Baum mit breiter Krone, glatte Knospen. Borke rotbraun, rau.

Blatt: Bis 30 cm groß, mit 5 handförmig angeordneten Blättern. Im Herbst gelb.

Blüte: Hellrot an aufrechten Rispen; V.

Frucht: Kapsel, selten zu sehen, aber mit glatter Fruchtschale.

Standort: Normale Gartenböden in freier Lage.

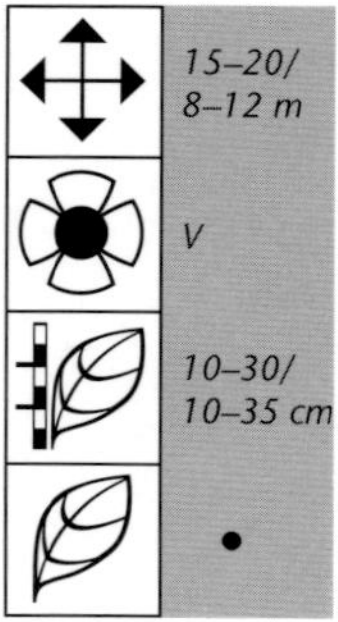

Verwendung: Nur für größere Gärten und Parkanlagen sowie für breite Alleen.

Sorten: 'Briotii', Scharlach-Rosskastanie, nur 12 m hoch, aber mit roten Blüten.

Sonstiges: Frosthart und industriefest.

Alnus glutinosa
Schwarz-Erle
Betulaceae, Birkengewächse

Heimat: Europa bis Nordasien.
Wuchs: Aufrecht mit kegelförmiger Krone und waagerecht abstehenden Seitenästen. Borke flachschuppig, schwarzbraun, Holz verfärbt sich im Anschnitt orangerot.
Blatt: Knospen oft klebrig, wechselständig, Blätter breit eiförmig, ohne Spitze, fallen im Herbst grün ab.
Blüte: Kätzchen. Einhäusig, männliche Blüten bräunlich gelb, weibliche Blüten nur 4 mm groß, rote Narben; III–IV.
Frucht: Zäpfchen schwarzbraun, bis 18 mm lang.
Standort: Feuchte Lagen und Rohböden.
Verwendung: Freie Landschaft, besonders am Ufer, aber auch für viele andere Bereiche.
Sorte: 'Laciniata', geschlitzt.
Sonstiges: Ideale Pionierpflanze, lässt sich auch gut auf den Stock setzen. Wurzeln sammeln Stickstoff.

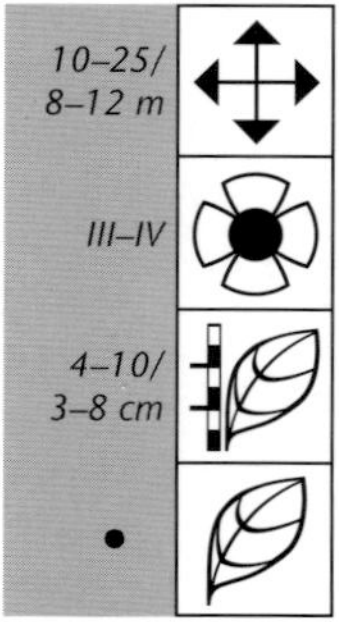

?

Amelanchier lamarckii

Kupfer-Felsenbirne
Rosaceae, Rosengewächse

Heimat: Östliches Nordamerika, in NW-Deutschland eingebürgert.
Wuchs: Breit aufrechter Strauch oder Baum, mehrstämmig.
Blatt: Elliptisch, 5–10 cm lang, kupferroter Austrieb, orangerote Herbstfärbung.
Blüte: Weiße Blüten in lockeren Trauben; IV–V.
Frucht: Blauschwarze, bis 1 cm dicke, saftige Beerenfrüchte, wohlschmeckend.
Standort: Durchlässige, humose Böden in voller Sonne.
Verwendung: Einzeln oder in Gruppen in Gärten und Parks.
Sonstiges: Besonders häufig verwendete Art.

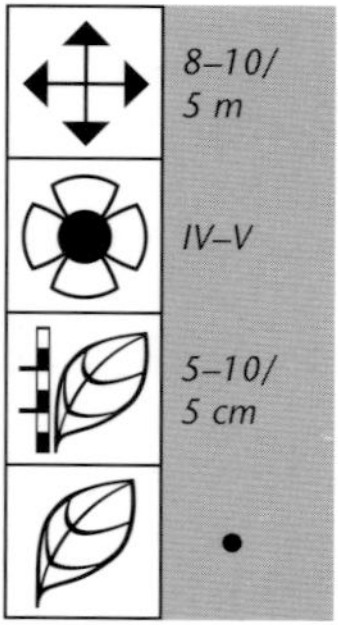

Berberis thunbergii
Thunbergs Berberitze
Berberidaceae, Berberitzengewächse

Heimat: Japan.
Wuchs: Breit aufrechter Strauch, dicht verzweigt. Triebe bedornt.
Blatt: Spatelförmig, 1–2 cm lang, frischgrün; im Herbst orangerot.
Blüte: Gelb, 1 cm, zu 3–5 in kurzen Dolden; V–VI.
Frucht: Rote, 8 mm lange Beere, leicht giftig.
Standort: Sonnige, trockene Plätze.
Verwendung: In Gruppen oder Hecken (auch geschnitten) in Gärten und Parks.
Sorten: 'Atropurpurea', rotes Laub. 'Atropurpurea Nana', rot, aber 100 cm hoch.
Sonstiges: Anspruchslose Art.

	2/ 2,5 m
	V–VI
	1–4/ 1–2 cm
	•

Foto: Nils Reinhard

Buddleja davidii

Sommerflieder, Schmetterlingstrauch
Buddlejaceae, Sommerfliedergewächse

Heimat: China, weltweit verwildert.
Wuchs: Stark wachsender, hoher Strauch.
Blatt: Gegenständig, eilanzettlich, 5–10 cm lang, unterseits weißfilzig.
Blüte: Stark duftende Röhrenblüten an bis 30 cm langen Rispen, am Ende diesjähriger, aufrechter oder geneigter Triebe; VI–IX.
Frucht: Kapseln 6–8 mm lang, bleiben lange am Strauch.
Standort: Sonnige und warme, geschützte Lagen. Durchlässige, nährstoffreiche Böden.
Verwendung: Einzelstellung im Hausgarten und in öffentlichen Anlagen.
Sorten: 'Empire Blue', violettblau. 'Peace', weiß. 'Royal Red', purpurrot.
Sonstiges: Jährlicher, starker Rückschnitt im März. Blüten ziehen Schmetterlinge an.

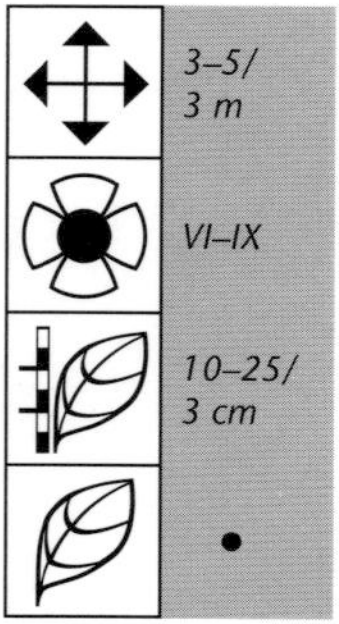

Foto: Andreas Bärtels

Calluna vulgaris
Besenheide
Ericaceae, Heidekrautgewächse

Heimat: Europa, Sibirien und Kleinasien.
Wuchs: Flach wachsender, aber bis 60 cm hoher Zwergstrauch.
Blatt: Immergrüne Nadelblätter, kreuzweise Anordnung, 1–3 mm lang, Graugrün, oder je nach Sorte gelblich oder kupferfarben,
Blüte: Violettrosa oder weiß, vierteilig, von einem geschlossenen Kelch umgeben, 2–3 mm groß, in Doppeltrauben; VI–IX.
Frucht: Rundliche Kapseln, 1,5 mm groß.
Standort: Nährstoffarme (sandige), saure Böden in sonniger Lage.
Verwendung: In größerer Anzahl für Heide- und Steingärten, Gräber, Gefäße. Bodendecker.
Sorten: 'C.W. Nix', lilarot, 50 cm. 'Hammondii', weiß, 50 cm. 'H.E. Beale', rosa gefüllt, 50 cm hoch.
Sonstiges: Rückschnitt nach der Blüte.

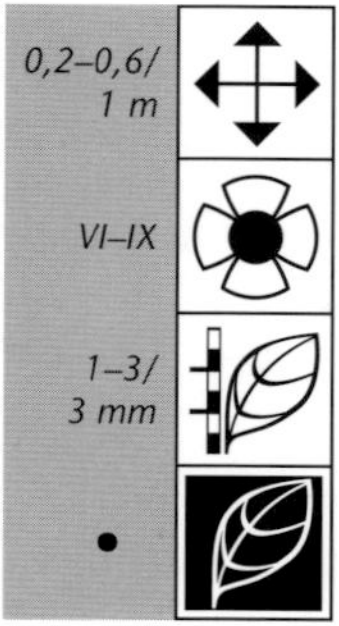

Carpinus betulus

Hainbuche, Weißbuche
Betulaceae, Birkengewächse

Heimat: Europa bis zum Kaukasus.
Wuchs: Großer Baum, oft mehrstämmig, Drehwuchs, Krone breit eiförmig. Borke grau, glatt, mit netzartigem Muster.
Blatt: Elliptisch zugespitzt, Rand doppelt gesägt, dunkelgrün, im Herbst goldgelb. Bleiben oft braun den ganzen Winter hängen, Knospen wechselständig.
Blüte: Einhäusig, männliche Kätzchen gelb, weibliche Blüten unscheinbar; V–VI.
Frucht: Nussfrüchte an dreilappigem Hochblatt, geflügelt. Fruchtstand ährenartig.
Standort: Anspruchslos, für viele Bodenarten und Zwecke.
Verwendung: Einzeln, Gruppe, Hecke, Schnitthecke; für Landschaft, Gärten, Parks.
Sorten: 'Columnaris', breite Säule. 'Fastigiata', Säulen-Hainbuche.
Sonstiges: Besonders wichtige heimische Baumart, Holz elastisch.

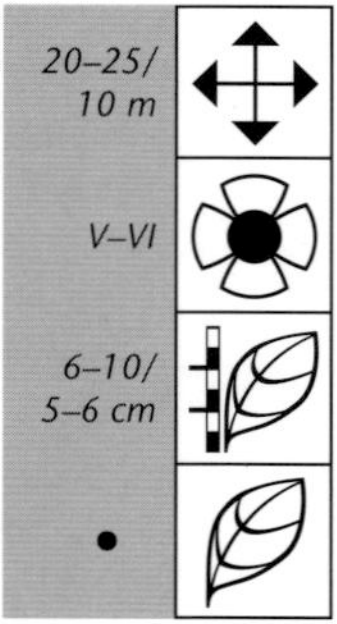

?

Catalpa bignonioides

Gewöhnlicher Trompetenbaum
Bignoniaceae, Trompetenbaumgewächse

Heimat: Südöstliche USA.
Wuchs: Stamm aufrecht bis schief, breite Krone, Holz brüchig. Borke dunkelgrau, rissig, Triebe olivbraun mit 3 quirlständigen Knospen.
Blatt: Weichhaarig, herzförmig, grün, bis 25 cm lang, im Herbst grüngelb.
Blüte: Weiß, bis 5 cm lang, an endständiger, bis 30 cm langer Rispe; V–VII. Einzelblüte fast glockig, mit gelben und rotvioletten Schlundflecken.

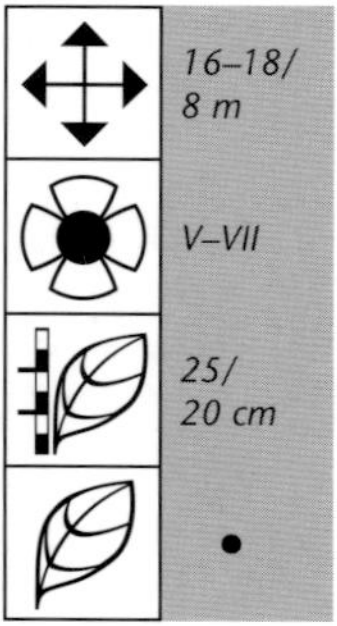

Frucht: Kapselfrucht graubraun, bis 30 cm lang, 1 cm breit, viele haarige Samen.
Standort: Nährstoffreiche, sandige Lehmböden, warme Lage.
Verwendung: Einzelstand, für größere Gärten und Parks.
Sorten: 'Nana', Krone klein, meist als Hochstamm veredelt, Stadtklimafest.

?

Cercidiphyllum japonicum

Katsurabaum, Kuchenbaum
Cercidiphyllaceae, Kuchenbaumgewächse

Heimat: Japan.
Wuchs: Streng aufrecht, oft mehrstämmig, Krone breit kegelförmig. Borke schwarzbraun, tief gefurcht, Zweige rotbraun, gegenständige Knospen.
Blatt: Rundlich nierenförmig, unterseits bläulich grün, im Herbst großartige Färbung von gelb über orange bis tief violettrot.
Blüte: Zweihäusig, unscheinbar; männliche Blüten gelb, weibliche mit roten Narben; III–V.

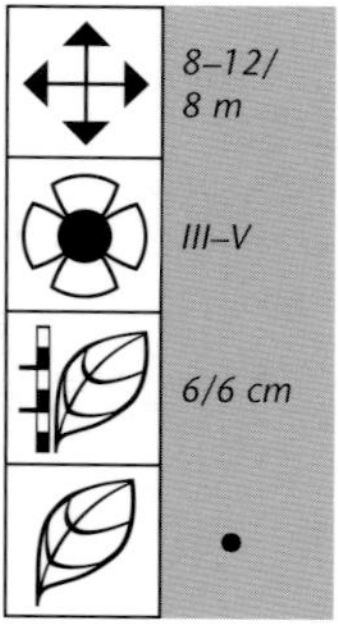

Frucht: Balgfrucht, 2 cm lang, enthält viele feine Samen.
Standort: Kalkarme, humose Böden in voller Sonne, nie trocken.
Verwendung: Einzelstellung in Gärten und Parks.
Sorten: 'Pendulum', Hängeform.

Chaenomeles japonica

Japanische Scheinquitte
Rosaceae, Rosengewächse

Heimat: Japan, am Vulkan Fudschijama zwischen 500 und 900 m Höhe.

Wuchs: Strauch, breit aufrecht, sparrige Dorntriebe. Viele Bodentriebe.

Blatt: Wechselständig, glänzend grün, breit eiförmig, bis 4 cm, Nebenblätter.

Blüte: Ziegelrot, schalenförmig, 3 cm, 3–4 in Büscheln; III–IV.

Frucht: Gelbgrüne Apfelfrüchte, 4–5 cm, duften aromatisch, für Gelees.

Standort: Kalkhaltige Böden in voller Sonne.

Verwendung: Niedere, frei wachsende Hecke oder einzeln im Garten.

Arten: *C. × superba (C. japonica × C. speciosa)* mit vielen Sorten.

Sonstiges: Feuerbrandgefahr, Vogelschutzgehölz.

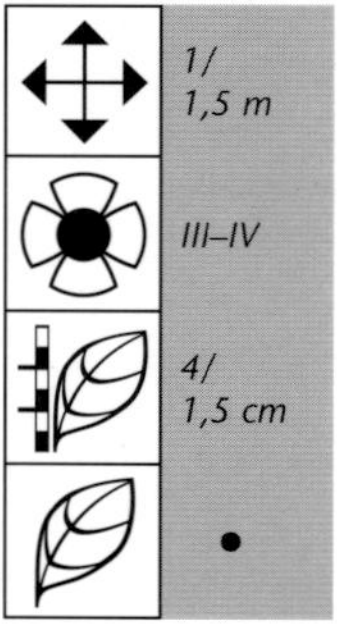

Clematis × jackmanii
Jackman's Waldrebe
Ranunculaceae, Hahnenfußgewächse

Heimat: Züchtung aus aus *C. lanuginosa* × *C. viticella*.

Wuchs: 3–4 m hoch kletternd, Blattstielranker.

Blatt: Dreizählig, 10–12 cm lang, oberseits dunkelgrün, unten heller.

Blüte: Violett bis tief rotblau, 10–12 cm breit, zahlreich, Tepalen 4–6, flach; VII–X.

Frucht: Nüsschen mit langem, federigen Griffel.

Standort: Durchlässige, humose Böden im Halbschatten, Fuß beschattet.

Verwendung: Pergolen, Klettergerüste an Wänden und Mauern.

Sorten: 'Superba', dunklere Blüten und breitere Tepalen.

Sonstiges: Für West- und Ostwände.

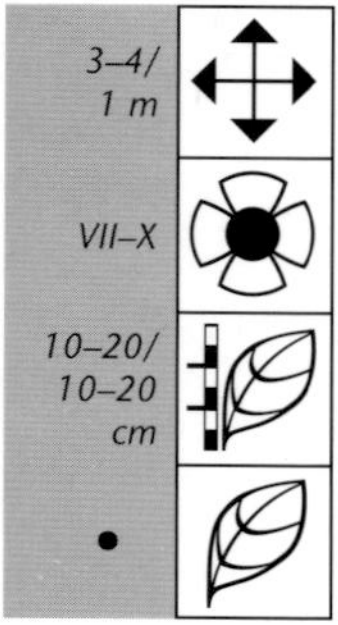

Clemats montana

Berg-Waldrebe
Ranunculaceae, Hahnenfußgewächse

Heimat: Zentral- und West-China, Himalaja.
Wuchs: Stark wachsend, bis 8 m hoch kletternd, Triebe rotbraun. Blattstielranker.
Blatt: Dreiteilig, bis 8 cm langer Blattstiel, Einzelblatt lanzettlich, 10 cm lang.
Blüte: Weiß, bis 5 cm groß, Tepalen 4, lang gestielt in Büscheln, reich blühend; V–VI.
Frucht: Nüsschen mit federigen Griffeln.
Standort: Durchlässsige, humose Böden im Halbschatten, beschatteter Fuß.
Verwendung: Pergolen, Zäune, Masten, Wände mit Kletterhilfe oder in Gehölzen.
Sorten: 'Rubens', Blatt violett im Austrieb, Blüten rosa (Bild). 'Tetrarose', dunkelrosa, bis 8 cm breit, reich blühend.
Sonstiges: Besonders dankbarer Blüher.

	6–8/ 5–8 m
	V–VI
	10/ 10 cm
	•

?

Clematis-Sorten

Großblumige Waldreben
Ranunculaceae, Hahnenfußgewächse

Heimat: Kreuzungen seit 1835 entstanden.
Wuchs: Sortenbedingt, Blattstielranker.
Blatt: Sommergrün, dreizählig, gefiedert.
Blüte: Großblumig, je nach Sorte weiß, rosa, rot oder blau, auch gefüllt; VI–IX.
Frucht: Nüsschen mit federigen Griffeln.
Standort: Humose, durchlässige, tiefgründige, kalkhaltige Böden.
Verwendung: Pergolen und Rankgerüste an Mauern, beschatteter Fuß.
Sorten: 'Lasurstern', lavendelblau, 10–20 cm, VI. 'Nelly Moser', lilarosa mit rotem Streifen, 15–20 cm, VI (Bild). 'Ville de Lyon', karminrot, 15 cm, VI–X.
Sonstiges: Vertrocknungsgefahr durch Welkepilze (vorbeugende Fungizidbehandlung) oder Wassermangel im Hochsommer (2–3-mal wöchentlich gießen).

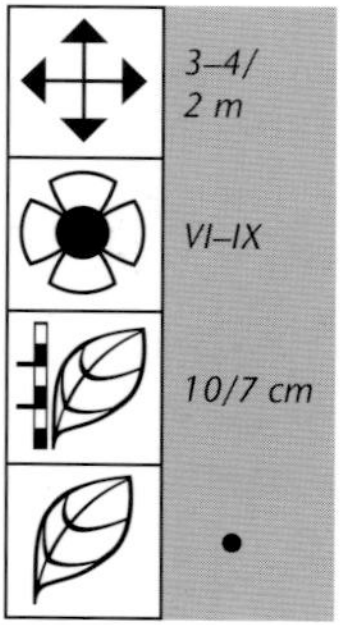

Foto: Eberhard Morell

Cornus alba

Weißer Hartriegel, Tatarischer Hartriegel
Cornaceae, Hartriegelgewächse

Heimat: Osteuropa, Sibirien bis Korea.
Wuchs: Aufrechter Strauch, Triebe rot, breit ausladend.
Blatt: Eiförmig elliptisch, 4–8 cm lang, zugespitzt, grün, unterseits bläulich, im Herbst gelb bis rötlich.
Blüte: Rahmweiß in Trugdolden, 3–5 cm groß, Einzelblüte 6–8 mm, 4-zählig; V–VI.
Frucht: Weiße bis bläuliche Steinfrüchte, 8 mm groß.
Standort: Sonnig bis halbschattige, normale Gartenböden, anspruchslos.
Verwendung: Abpflanzungen in Gärten und Parks, Wind- und Sichtschutz.
Sorten: 'Sibirica', leuchtend rote Triebe im Winter (Bild). 'Spaethii', Blatt gelb gerandet.
Sonstiges: Anspruchslose Gewächse.

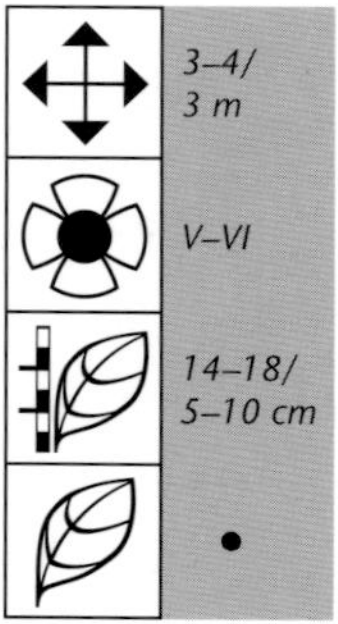

Foto: Dr. Helmut Pirc

Cornus florida

Blumen-Hartriegel
Cornaceae, Hartriegelgewächse

Heimat: Östliche USA.

Wuchs: Breit aufrechter Strauch bis 5 m Höhe, in der Heimat als Kleinbaum bis 10 m.

Blatt: Gegenständig, dunkelgrün, eiförmig, unterseits weißlich, bis 14 cm lang. Im Herbst scharlachrote Färbung. Knospen weißlich bereift.

Blüte: Unscheinbar gelbgrün, an endständigen Blütenköpfen. Diese sind von flachen, sternartigen Hochblättern umgeben, vierteilig, weiß bis rosa; V–VI.

Frucht: Steinfrucht. Eiförmig, rot, 1 cm, selten.

	5(–10)/ 4–6 m
	V–VI
	10–14/ 4–5 cm
	•

Standort: Humose, leicht saure Böden in Sonne und im Halbschatten. Feuchtigkeit liebend.

Verwendung: Einzelstellung in Gärten und Parks.

Sorten: ‘Cloud Nine’, weiße Brakteen. ‘Rubra’, rote Brakteen.

Sonstiges: Anspruchsvoller, auffälliger Strauch.

Foto: Andreas Bärtels

Cornus mas

Kornelkirsche

Cornaceae, Hartriegelgewächse

Heimat: Süd- und Mitteleuropa bis zum Kaukasus.

Wuchs: Strauch bis 4 m, selten baumförmig bis 8 m, sparrig verzweigt. Borke dunkel graubraun, längsrissig, auch schuppig abblätternd. Hartes Holz.

Blatt: Gegenständig, eiförmig zugespitzt, bis 10 cm lang, glänzend grün, im Herbst rotbraun. Blattknospen schlank, Blütenknospen kugelig.

Blüte: Gelb, in dichten Dolden; II–IV.

Frucht: Rote Steinfrüchte 2 cm lang, bei Vollreife essbar, säuerlich. Großer Steinkern.

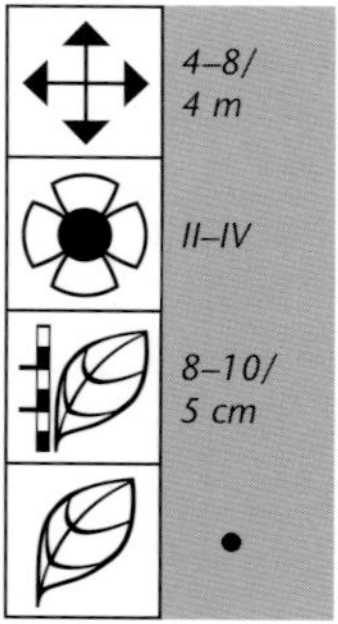

Standort: Kalkhaltige, tiefgründige Böden in vollsonniger Lage.

Verwendung: Windschutz, Vogelnährgehölz, Bienenweide, Hecke, Vasenschnitt.

Sorten/Arten: 'Jolico', größere Früchte. *C. officinalis* aus China ist ähnlich wie *C. mas*.

Sonstiges: Anspruchslos.

Cornus sanguinea

Roter Hartriegel
Cornaceae, Hartriegelgewächse

Heimat: Europa, Kurdistan.
Wuchs: Breit aufrecht, bildet viele Ausläufer und Stockausschläge. Triebe grün-braun, sonnenseitig braunrot, Knospen gegenständig.
Blatt: Dunkelgrün, eiförmig zugespitzt, 10 cm lang, rote Herbstfärbung.
Blüte: Weiß, sternförmig, 4-zipfelig, 5 mm groß, in breiten Trugdolden; V–VI.
Frucht: Schwarzblaue Steinfrüchte, weiß punktiert, bis 8 mm groß.
Standort: Anspruchslos an Klima und Boden, für alle Lagen.
Verwendung: Unterpflanzung für höhere Gehölze, Bodenbefestiger, Windschutz.

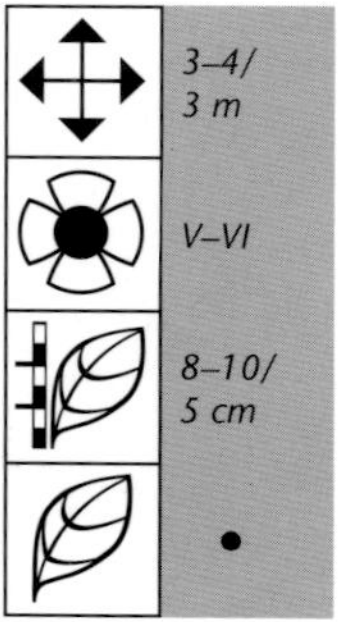

?

Corylus avellana
Gewöhnliche Hasel
Betulaceae, Birkengewächse

Heimat: Europa bis zum Kaukasus.
Wuchs: Großstrauch, mehrstämmig. Im Alter schirmförmig. Borke braun-grau mit feiner Zeichnung, Triebe drüsig behaart.
Blatt: Weich behaart, eirund zugespitzt, 6–10 cm lang, wechselständig, im Herbst gelb-braun gefärbt.
Blüte: Einhäusig, männliche Kätzchen gelb, 8–10 cm lang, stäuben ab II–III; weibliche Blüten unscheinbar, rote Narben bis 5 mm.
Frucht: Essbare Nussfrüchte 1,5 cm lang, braun, Fruchtbecher geschlitzt.
Standort: Nährstoffreiche Gartenböden, lehmig humos.
Verwendung: Windschutz, Feldhecke, guter Bodenbefestiger, für Gärten und Parks.
Arten/Sorten: Großfrüchtige Sorten verwenden; 'Heterophylla' mit geschlitztem Laub. *C. maxima* 'Purpurea'; Blatt gleichmäßig tief schwarzrot, 8–12 cm lang, zugespitzt.

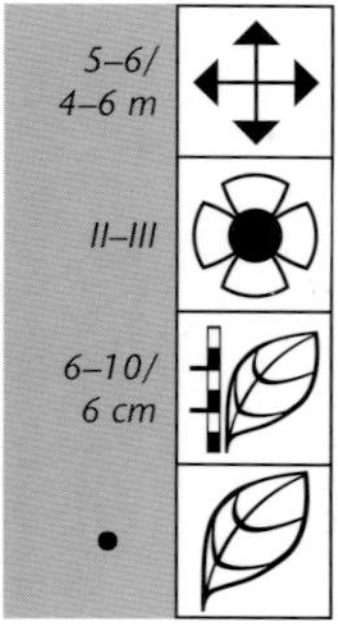

Corylus avellana 'Contorta'
Korkenzieher-Hasel
Betulaceae, Birkengewächse

Heimat: Züchtung.
Wuchs: Triebe korkenzieherartig gedreht, langsam wachsend.
Blatt: Kraus, gelegentlich eingerollt, 8–10 cm lang, weichhaarig, im Herbst gelblich.
Blüte: Einhäusig, männliche Kätzchen gelb, 8–10 cm lang, stäuben ab II–IV. Weibliche Blüten unscheinbar, rote Narben bis 5 mm lang
Frucht: Essbare Nussfrüchte 1,5 cm lang, braun, von geschlitztem Fruchtbecher umhüllt.

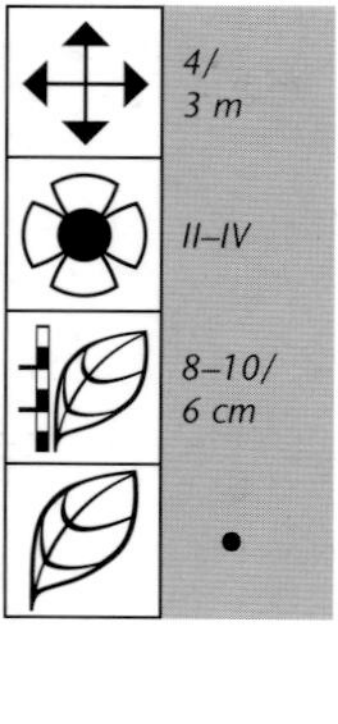

Standort: Gute Gartenböden in sonniger Lage.
Verwendung: Einzelstellung in Gärten und Parks.
Sonstiges: Im Winter auffällige Pflanze. Für Floristik unentbehrlich.

?

Cotinus coggygria
Perückenstrauch
Anacardiaceae, Sumachgewächse

Heimat: Südeuropa bis Zentral-China.
Wuchs: Breitbuschiger Strauch. Borke grauschwarz, Rinde der jüngeren Triebe hellbraun bis olivgrün, kein Milchsaft.
Blatt: Oval bis verkehrt eiförmig, 5–8 cm lang, wechselständig, bläulich bereift. Im Herbst orange gefärbt.
Blüte: Unscheinbar gelbgrün, an 20 cm langen , endständigen Rispen; VI–VII.
Frucht: Kleine Steinfrucht, 5 mm groß.
Standort: Sonnige, warme Plätze in kalkreichen Böden.
Verwendung: Geschützte Lagen im Hausgarten – z.B. Terrasse –, Solitär.
Sorten: 'Royal Purple', dauerhaft dunkelrot gefärbt, Herbstlaub orangeviolett (Bild).

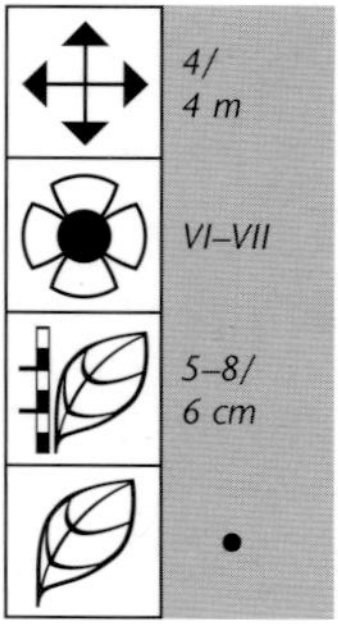

?

Cotoneaster dammeri

Teppich-Zwergmispel
Rosaceae, Rosengewächse

Heimat: West-China.
Wuchs: Niederliegender, immergrüner Spalierstrauch, Triebe wurzelnd, 25 cm hoch.
Blatt: Wechselständig, eiförmig, bis 3 cm lang, glänzend grün.
Blüte: Weiß, Trugdolden meist einzeln in Blattachseln, 1 cm groß; V–VI.
Frucht: Kugelige, beerenartige Apfelfrucht, rot, erbsengroß, lange haltend.
Standort: Kräftige Gartenböden in Sonne und Halbschatten, anspruchslos.
Verwendung: Flächenpflanzungen aller Art, für Gräber, Steingärten, Böschungen, Tröge und Balkone, wo sie weit herabhängen können.
Sorten: 'Holsteins Resi', resistent gegen Feuerbrand. 'Major', größere Blätter.
Sonstiges: Bei Gefäßen und Dachgärten auf Dickmaulrüssler achten. Auf Feuerbrand achten.

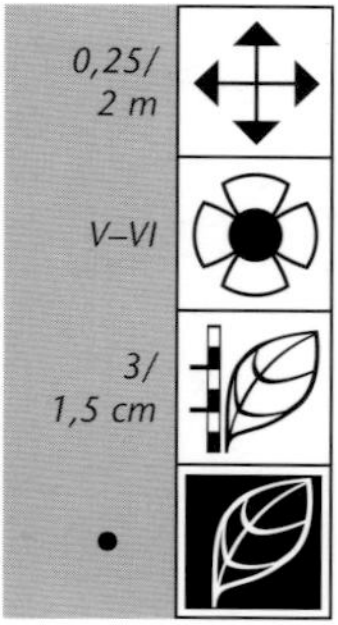

Foto: Dr. Helmut Pirc

?

Cotoneaster divaricatus
Sparrige Zwergmispel
Rosaceae, Rosengewächse

Heimat: China.
Wuchs: Breit aufrecht, sparrige Triebe.
Blatt: Elliptisch, bis 2 cm lang, glänzend dunkelgrün, im Herbst scharlachrot.
Blüte: Rosa, Trugdolde zu 2–4, Blüten klein, fünfzählig; V–VI.
Frucht: Elliptische Apfelfrucht, 1 cm lang, rot, mit 2 Steinkernen.
Standort: Sonnige bis halbschattige Plätze in normalen Gartenböden, anspruchslos.
Verwendung: Einzeln oder in Gruppen, auch als breite, ungeschnittene Hecke.
Sonstiges: Besonders auffallend im Herbst durch Blätter und Früchte. Durch Feuerbrand gefährdet.

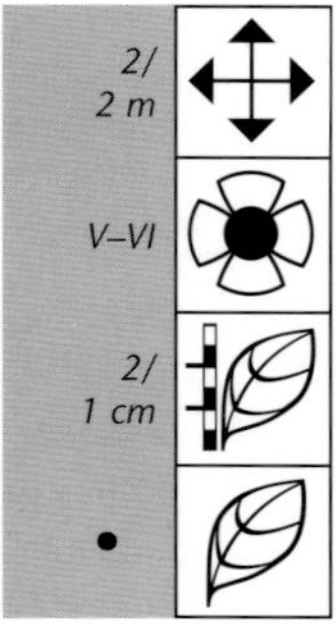

?

Cotoneaster horizontalis

Fächer-Zwergmispel
Rosaceae, Rosengewächse

Heimat: West-China.

Wuchs: Sommergrüner, aufstrebender Strauch. Zweige fisch-grätähnlich gestellt, enge Internodien.

Blatt: Fast kreisrund, 1 cm groß, leicht zugespitzt, glänzend grün, im Herbst rot.

Blüte: Rosa, zu 1–2, öffnen sich nur halb; V–VI.

Frucht: Beerenartige Apfelfrucht, hellrot, kugelig bis 6 mm, lange haftend.

Standort: Sonnige Plätze in lehmigem Gartenboden.

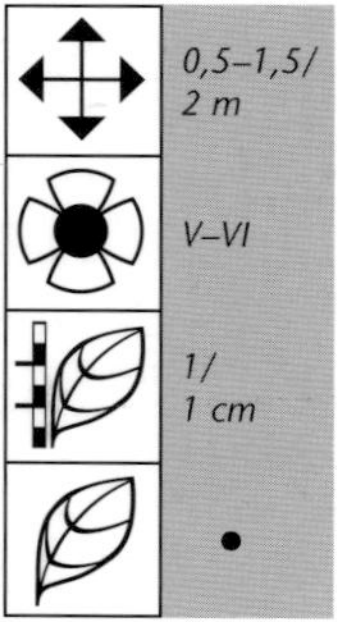

Verwendung: Einzelstand in größeren Steingärten, vor Mauern und Häusern, Böschungen.

Sorten: 'Robusta', stark wachsend, Blätter 2 cm. 'Saxatilis', sehr schwach wachsend, in allen Teilen kleiner. Alle mit herrlicher Herbstfärbung.

Cytisus × praecox

Elfenbeinginster
Fabaceae, Hülsenfrüchtler

Heimat: Züchtung aus *C. multiflorus* × *C. purgans.*

Wuchs: Vieltriebiger Strauch, dünne Triebe bogig überhängend.

Blatt: Einfach, lanzettlich 1–2 cm lang, hellgrün.

Blüte: Schwefelgelb, 1 cm lang, entlang der graugrünen Triebe; IV–V.

Frucht: Wenig auffällige Hülsen, giftig!

Standort: Leichte, sandige Böden in voller Sonne, kalkfrei.

Verwendung: Einzelstellung im Hausgarten, Stein- und Heidegarten.

Weitere Art: *Cytisus × kewensis*, Zwerg-Elfenbeinginster, nur 30 cm hoch, dankbar.

Sorten: 'Hollandia', rubinrot mit gelbem Rand. 'Zitronenregen', dunkles zitronengelb.

Sonstiges: Nicht an Kinderspielplätze pflanzen. Absolut winterhart

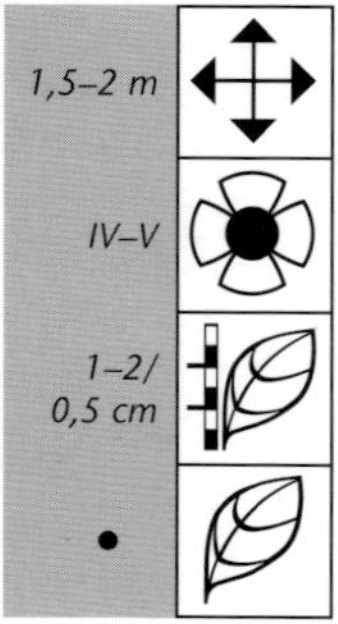

?

Daphne mezereum
Gewöhnlicher Seidelbast, Kellerhals
Thymelaeaceae, Spatzenzungen-gewächse

Heimat: Europa, Kaukasus, Kleinasien bis Sibirien.

Wuchs: Breit aufrechter Strauch, braungraue Rinde.

Blatt: Länglich lanzettlich, bis zu 7 cm lang, unterseits bläulich grün.

Blüte: Röhrenblüte mit 4 Blütenzipfeln, 1 cm groß, rosa oder rot in Büscheln; II–IV.

Frucht: Leuchtend rote, beerenartige Steinfrüchte, 8 mm groß, fleischig, sehr giftig. Schon 10–12 Früchte können zum Tode führen!

Standort: Kalkhumusboden am Waldrand.

Verwendung: Einzeln im Stein- und Frühlingsgarten. Geschützte Wildpflanze.

Sorten: 'Alba', Blüten weiß, Früchte gelb. 'Rubra Select', rot.

Sonstiges: Nicht für Kinderspielplätze geeignet.

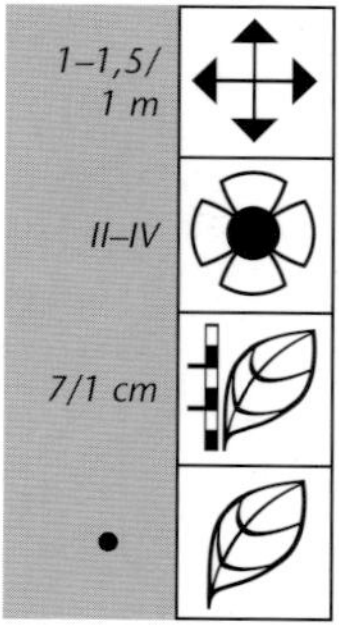

Foto: Dr. Helmut Pirc

?

Deutzia scabra
Raue Deutzie
Hydrangeaceae, Hortensiengewächse

Heimat: Japan.
Wuchs: Straff aufrechter Strauch, Triebe hohl.
Blatt: Länglich lanzettlich bis 10 cm, Basis gerundet, stumpfgrün, rau.
Blüte: Reinweiß, 2 cm groß, in breiten, lockeren Rispen; VI–VII.
Frucht: Kapsel.
Standort: Normale, tiefgründige Gartenböden, sonnig bis halbschattig.
Verwendung: Einzeln oder gruppenweise in Gärten und Parks.

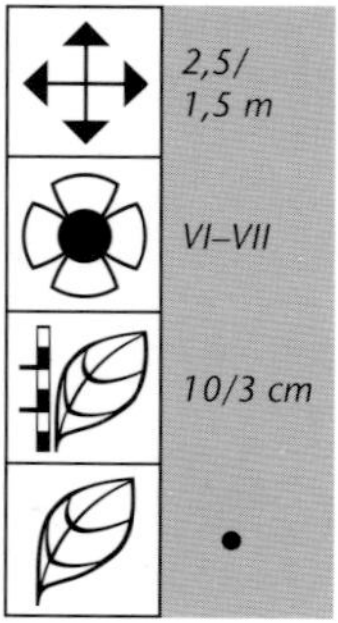

Weitere Arten und Sorten: 'Candidissima', reinweiß gefüllt. 'Plena', außen rosa gefüllt. *D. gracilis*, überhängender Zwergstrauch, 60–80 cm hoch, Blüte weiß; V–VI.
Sonstiges: Anspruchsloser Blütenstrauch.

Erica carnea

Schnee-Heide
Ericaceae, Heidekrautgewächse

Heimat: Kalkalpen Europas.
Wuchs: Zwergstrauch, 30–40 cm hohe Matten bildend, breit wachsend, dünntriebig.
Blatt: Nadelartig, immergrün, 4–8 mm lang, zu 3–4 in Wirteln.
Blüte: Im Herbst vorgebildet, glockig, 4–5 mm groß, rosa, nickend, 4-teiliger Kelch, braune Staubgefäße aus der Blüte herausragend; I–IV.
Frucht: Unscheinbare, 4-klappige Kapseln mit sehr feinen Samen.
Standort: Humose Gartenböden in voller Sonne, in der Natur zusammen mit Kiefern.
Verwendung: Flächig für Böschungen, Stein- und Heidegärten, Gräber, Gefäße.
Sorten: 'Myretoun Ruby', weinrot. 'Spingwood', weiß. 'Vivellii', rote Blätter und Blüten. 'Winter Beauty', rosa (Bild).
Sonstiges: Rückschnitt nach der Blüte.

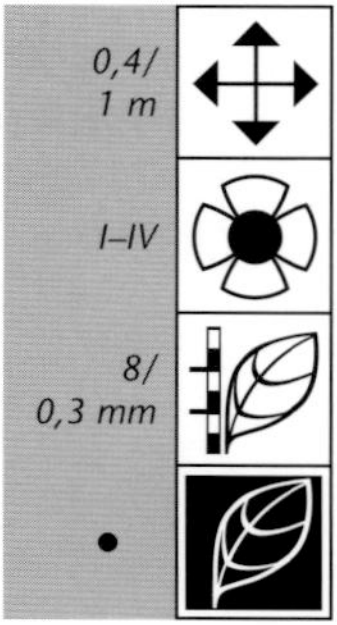

?

Euonymus alatus

Flügel-Spindelstrauch
Celastraceae, Spindelbaumgewächse

Heimat: Ostasien.

Wuchs: Sparrig aufrecht, Triebe mit 4 breiten Korkleisten.

Blatt: Elliptisch bis eiförmig, 3–5 cm lang, beidseitig zugespitzt, grün, im Herbst leuchtend dunkelrot, gegenständig.

Blüte: Grünlich gelb, 4-zählig, in Trauben, unscheinbar; V–VI.

Frucht: Eiförmige Kapsel, orangefarbene Fruchthülle mit Samen, selten ausgebildet, Kapsel. Giftig.

Standort: Humose Gartenböden im Halbschatten.

Verwendung: Einzelstellung in Vorgärten, Heide- und Steingärten, Parkanlagen.

Sonstiges: Herrliche Herbstfärbung.

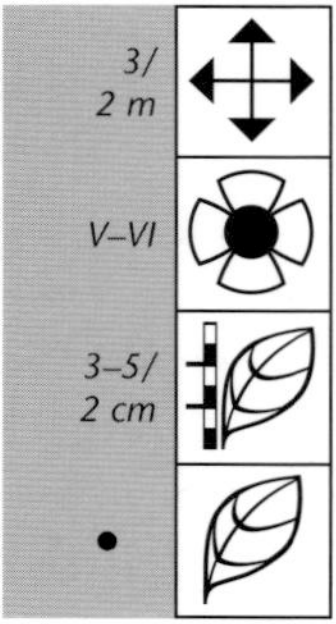

Euonymus europaeus

Gewöhnliches Pfaffenhütchen
Celastraceae, Spindelbaumgewächse

Heimat: Europa bis West-Sibirien.
Wuchs: Aufrechter Strauch bis 3 m Höhe, bei guten Standortbedingungen bis 6 m hoch wachsend. Triebe vierkantig, grün.
Blatt: Länglich eiförmig, 5–8 cm lang, beidseitig zugespitzt, grün, im Herbst karminrot.
Blüte: Unscheinbar grün, an langen Stielen, duftet unangenehm, Trugdolde; V.
Frucht: 4-klappige Kapsel, rote Fruchthüllen enthalten orangefarbene, giftige Samen.
Standort: Kalkliebend, nährstoffreiche Böden in Sonne und Halbschatten.

	3–6/ 3 m
	V
	5–16/ 4 cm
	•

Verwendung: Vogelnährgehölz in Feldhecken, Gärten und Parks.
Sorten: 'Red Cascade', zahlreiche Früchte, rosa Fruchtblätter.
Sonstiges: Nicht an Kinderspielplätze pflanzen. Wird von Gepinstmotten und Blattläusen befallen.

?

Fagus sylvatica
Rot-Buche
Fagaceae, Buchengewächse

Heimat: Europa bis zur Krim.
Wuchs: Breitkroniger, mächtiger Baum, an der Baumgrenze strauchig. Borke weißgrau, glatt, gerader Stamm, Knospen wechselständig, spindelförmig.
Blatt: Hellgrün, eiförmig, Rand gewellt und bewimpert, Herbstfärbung goldbraun.
Blüte: Einhäusig, männliche Kätzchen in lang gestielten Büscheln, weibliche Blüten unauffällig; IV–V.
Frucht: 3-kantige Nuss in 4-klappigem, verholztem Fruchtbecher.
Standort: Nährstoffreiche, meist kalkhaltige Böden in sonnigen und halbschattigen Lagen.
Verwendung: Wichtigster Waldbaum Mitteleuropas, für Schnitthecken, in Gärten und Parks.
Sorten: 'Atropunicea', rotes Laub. 'Pendula', Hänge-Buche.
Sonstiges: Sehr empfindlich gegen Einschüttung und plötzlicher Freistellung.

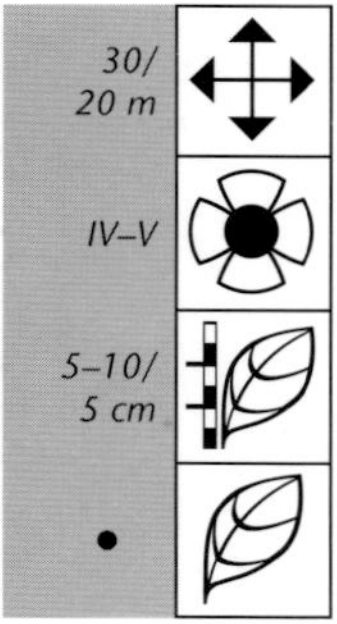

Foto: Dr. Helmut Pirc

Forsythia × intermedia

Forsythie, Goldglöckchen
Oleaceae, Ölbaumgewächse

Heimat: Züchtungen (*F. suspensa* × *F. viridissima*).

Wuchs: Aufrecht, reich verzweigt, breitbuschig, ältere Triebe grau, junge hellbraun mit vielen Lentizellen, Knospen gegenständig.

Blatt: Grün, eilanzettlich, 6–10 cm lang, beidseitig zugespitzt.

Blüte: Goldgelb, 3–4 cm breit, vierteilig, an der ganzen Länge der Triebe; III–IV.

Frucht: Kapsel zweiklappig, verholzt.

Standort: Nährstoffreiche Gartenböden.

Verwendung: Einzeln oder gruppenweise in Gärten und Parks, Hecke (auch geschnitten).

Sorten: 'Beatrix Farrand', gelb, Blüten 6 cm groß. 'Lynwood', goldgelb, reich blühend. 'Spectabilis', dunkelgelb, wichtige Treibsorte.

Sonstiges: Frei von Schädlingen, im Alter viröse Wucherungen möglich, daher auslichten.

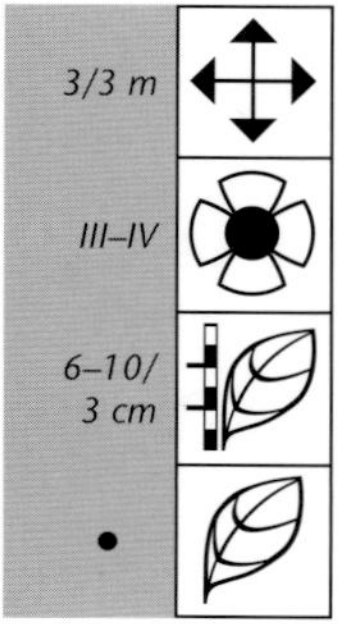

?

Fraxinus excelsior
Gewöhnliche Esche
Oleaceae, Ölbaumgewächse

Heimat: Europa bis Kleinasien.
Wuchs: Aufrechter, breitkroniger Baum. Borke grau, feinrissig, Holz langfaserig, wertvoll. Triebe graugrün, Knospen schwarz.
Blatt: Gegenständig, bis 25 cm lang, unpaarig gefiedert, mit 7–11 Einzelblättchen, diese 4–10 cm lang, breit lanzettlich, im Herbst grüngelb.
Blüte: Unauffällig, vor dem Austrieb, in achselständigen, rötlich grünen Rispen; IV.
Frucht: Braune, länglich geflügelte Nüsschen, 3–5 cm lang, in Büscheln hängend.

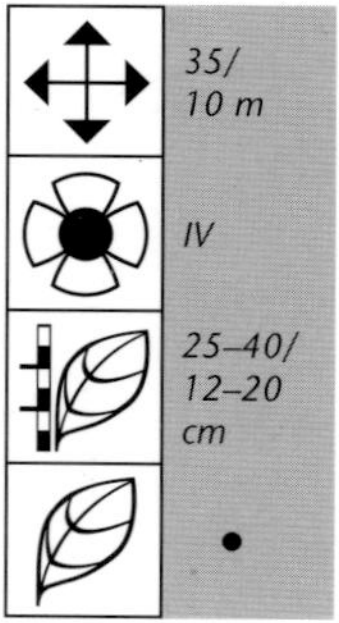

Standort: Frische, nährstoffreiche Böden.
Verwendung: Guter Bodenfestiger an Bächen und Flüssen, Waldrand, Parkanlagen.
Sorten: 'Nana', kleinkronig, auf Hochstamm veredelt, 2 m breit. 'Pendula', Hängeform.
Sonstiges: Triebe gabelig verzweigt, Holz für Werkzeugstiele.

?

Gaultheria procumbens

Niederliegende Scheinbeere,
Rebhuhnbeere
Ericaceae, Heidekrautgewächse

Heimat: Östliches Nordamerika.
Wuchs: Niederliegender Zwergstrauch, bis 15 cm hoch, unterirdische Ausläufer.
Blatt: Ledrig, Eiförmig elliptisch, bis 5 cm lang, immergrün, im Herbst rötlich.
Blüte: Hellrosa Blütenglöckchen, einzeln an den Triebenden, 4–7 mm; VI–VIII.
Frucht: Leuchtend rote Kapsel, 6–8 mm, lange haftend.
Standort: Kalkfreie, sandig humose Böden im Halbschatten.
Verwendung: Prächtiger Bodendecker für Heide- und Steingärten, Grab, Moorbeet.
Weitere Art: *G. shallon*, 80 cm, breites Laub, als Bindegrün unter „Salal“ bekannt.
Sonstiges: Dichter Wuchs in kalkfreien Böden.

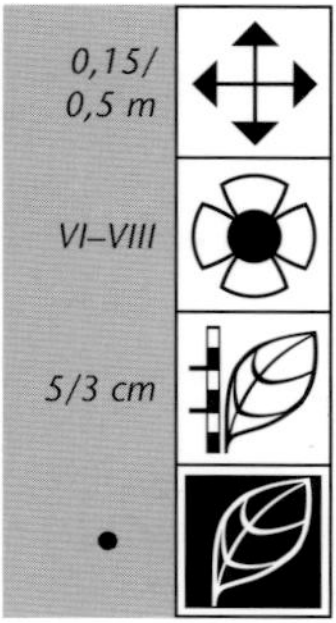

Foto: Eberhard Morell

Hamamelis × intermedia

Zaubernuss

Hamamelidaceae, Zaubernussgewächse

Heimat: Sorte aus *H. japonica* × *H. mollis*.

Wuchs: Breit aufrechter Strauch, 3–4 m, schräg aufsteigende Zweige, Triebe graubraun.

Blatt: Eiförmig zugespitzt, 10–15 cm lang, wechselständig, Herbstfärbung gelb bis rot.

Blüte: Tiefgelb, 2–3 cm, gewellt, vierzählig, duftend, in Köpfchen; I–III.

Frucht: 2-klappige, verholzte Kapsel mit 2 schwarzen Samen.

Standort: Durchlässiger Boden, leicht sauer, im Halbschatten.

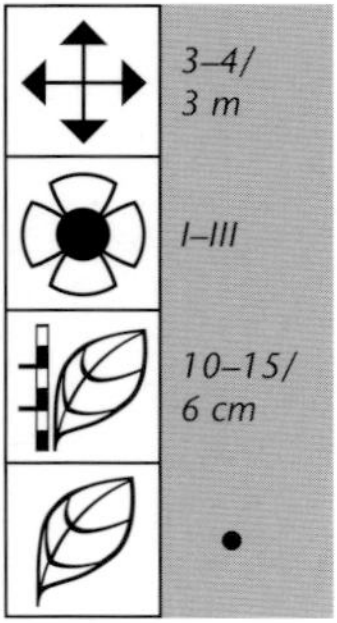

Verwendung: Einzelstand im Vorgarten oder Terrasse.

Weitere Arten und Sorten: 'Feuerzauber', rotorange (Bild). 'Jelena', gelb. 'Orange Beauty', orange. *H. japonica*.

Sonstiges: Auffällige Winterblüher. Veredlungen auf *H. japonica*.

?

Hedera helix
Gewöhnlicher Efeu
Araliaceae, Araliengewächse

Heimat: Europa, Mittelmeergebiete bis zum Kaukasus.
Wuchs: Immergrüner Bodendecker und starker Kletterer. Haftwurzeln.
Blatt: Variabel, dunkelgrün, 3- bis 5-lappig, im Alter eiförmig zugespitzt, 4–10 cm lang.
Blüte: Gelbgrün, in Dolden im Herbst an älteren Trieben; IX–X.
Frucht: Kugelige, beerenartige Steinfrüchte, schwarz, giftig, reifen im Frühling.
Standort: Kräftige, humose, kalkhaltige Böden im Schatten.
Verwendung: Sehr guter Bodendecker, zur Begrünung von vertikalen Flächen aller Art.
Sorten: Rund 500 Sorten, z.B. 'Goldherz' (Bild), grün, gelbe Mitte. 'Wingertsberg', grün, im Winter rötlich.
Sonstiges: Wichtige Pflanze für die Grabgestaltung.

10–20/ 5 m
IX–X
4–10/ 6 cm
•

Foto: Eberhard Morell

?

Hibiscus syriacus

Strauch-Eibisch
Malvaceae, Malvengewächse

Heimat: China und Indien.
Wuchs: Aufrechter Strauch, graue Triebe, wechselständige Knospen.
Blatt: 3-lappig, 5–10 cm lang, grob gezähnt, sommergrün, gelbes Herbstlaub.
Blüte: Trichterförmig, 10 cm groß, violett, im Sommer; VIII–IX.
Frucht: Kapsel 5-klappig, 2–3 cm lang, eiförmig, enthält viele feine Samen.
Standort: Nährstoffreiche, humose Gartenböden in voller Sonne.
Verwendung: Einzeln oder in Gruppen in Gärten und Parks.
Sorten: 'Coelestis', blauviolett. 'Totus Albus', reinweiß. 'Woodbridge', rubinrot. 'Russian Violet' (Bild). Gefüllte Blüten faulen bei Nässe rasch.
Sonstiges: Samenvermehrung, besser durch Veredlung. Schlecht verpflanzbar.

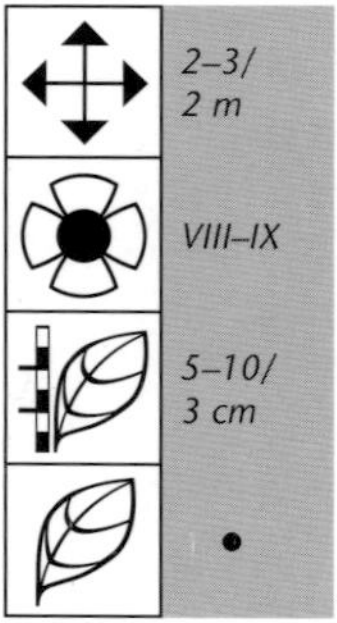

Hippophaë rhamnoides

Gewöhnlicher Sanddorn
Elaeagnaceae, Ölweidengewächse

Heimat: Europa bis Zentralasien.
Wuchs: Strauch bis Kleinbaum mit lockerer Krone, silbriger Stamm. Triebe mit silbrigen Haaren und dornige Kurztriebe.
Blatt: Wechselständig, schmal lanzettlich, graugrün, unten silbrig, 5–8 cm lang.
Blüte: Unscheinbar, gelblich, 2-häusig, in kurzen Trauben; III–IV.
Frucht: Orangerote beerenartige Steinfrucht, 8 mm groß, saftig, enthält viel Vitamin C, Nutzpflanze.
Standort: Durchlässige Böden, auch im Sand und auf Kalkböden in voller Sonne.
Verwendung: Heimisches Fruchtgehölz für Böschungen, Landschaftsgehölz.
Sorten: 'Dorana', weibliche Sorte mit größeren Früchten.
Sonstiges: Bildet längere Ausläufer, besonders im Sand.

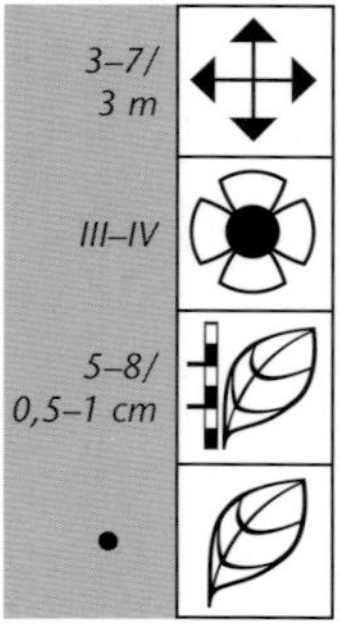

Hydrangea paniculata

Rispen-Hortensie
Hydrangeaceae, Hortensiengewächse

Heimat: Japan, südöstliches China.
Wuchs: Aufrechter Strauch, in Japan auch Kleinbaum bis 10 m.
Blatt: Elliptisch bis eiförmig, 5–15 cm lang, zugespitzt, Basis keilig, mattgrün.
Blüte: In kegelförmigen, 15–20 cm langen Rispen, weiß, später altrosa, 3 cm breit; VII–IX.
Frucht: Unscheinbare Kapseln, braun.
Standort: Humose, leicht saure Böden im Halbschatten.
Verwendung: Einzeln oder in Gruppen im Hausgarten.
Sorten: 'Grandiflora', große Blüten bis in den Winter zierend, dann braun werdend.
Sonstiges: Dankbarer Blütenstrauch.

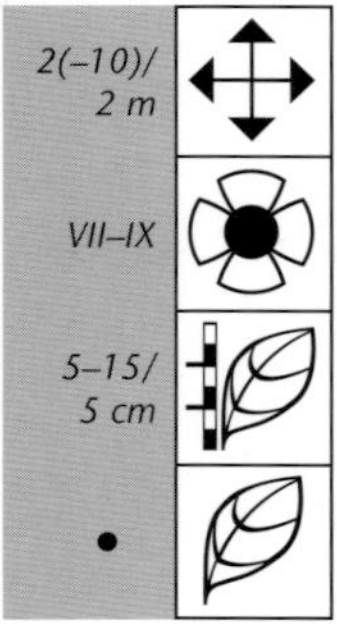

Foto: Andreas Bärtels

Jasminum nudiflorum

Winter-Jasmin
Oleaceae, Ölbaumgewächse

Heimat: West-China.
Wuchs: Überhängender Busch mit vierkantigen, grünen Trieben bis 1 m, als Spalierstrauch an Gerüsten gezogen bis 3 m hoch, Spreizklimmer.
Blatt: Gegenständig angeordnet, 3-zählig, 2–3 cm lang, dunkelgrün.
Blüte: Im Herbst vorgebildet, achselständig, goldgelb, röhrig, 2,5 cm lang, duftet nicht.
Frucht: Unscheinbare, schwarze Beeren, selten.
Standort: Durchlässige Gartenböden, sonnig bis halbschattig.

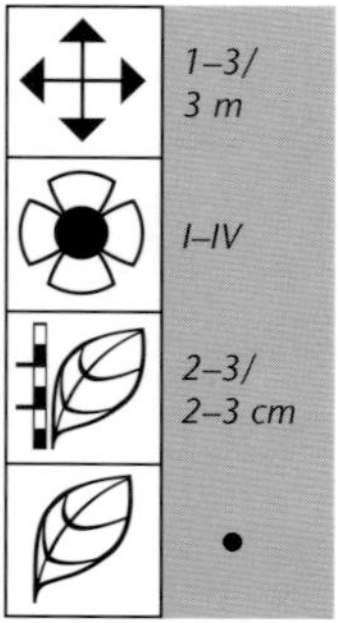

Verwendung: Auf Mauern und Böschungen, an Wänden als Winterblüher.
Sonstiges: Blüht in milden Wintern schon ab November. Stecklingsvermehrung einfach.

Foto: Eberhard Morell

Kerria japonica

Kerrie, Ranunkelstrauch
Rosaceae, Rosengewächse

Heimat: Zentral-China.
Wuchs: Breit aufrecht wachsender Strauch, 2 m, viele Wurzelausläufer, Triebe hellgrün, im Alter braun, überhängend, kurzlebig, daher jährlicher Auslichtungsschnitt.
Blatt: Wechselständig, hellgrün, 5–6 cm lang, am Rand doppelt gesägt.
Blüte: Goldgelb, schalenförmig bis 3 cm groß, fünfzählig, entlang der Zweige; IV–V.
Frucht: Schwarzbraune 5 mm große Nüsschen, selten zu sehen.
Standort: Auf allen Gartenböden in sonniger und halbschattiger Lage.
Verwendung: Herrlicher Blütenstrauch für Gehölzgruppen oder unter Blütenbäumen.
Sorten: 'Pleniflora', dicht gefüllte, ranunkelartige Blüten.
Sonstiges: Ausbreitung durch in den Boden eingelassene Folien begrenzen.

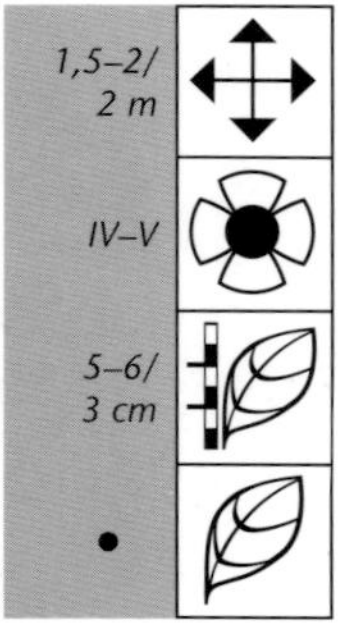

Foto: Dr. Helmut Pirc

?

Kolkwitzia amabilis

Kolkwitzie
Caprifoliaceae, Geißblattgewächse

Heimat: Zentral-China.
Wuchs: Breit aufrechter Strauch, überhängende Triebe, graubraun, mit abblätternder Rinde. Bildet viele Triebe aus der Basis. Gegenständig.
Blatt: Spitz eiförmig, 5–7 cm lang, schwach behaart, braunrote Herbstfärbung.
Blüte: Hellrosa Blüten, 2 cm, paarweise in Trugdolden, reich blühend; V–VI.
Frucht: Borstig behaarte Fruchtkapseln und sternförmige, rote Kelchblättchen bleiben lange am Strauch hängen.
Standort: Durchlässige Gartenböden in voller Sonne.
Verwendung: Einzeln oder in Gruppen, auch als frei wachsende Hecke in Gärten und Parks.
Sonstiges: Prächtiger, reich blühender Strauch. Keine Krankheiten oder Schädlinge, mäßiger Auslichtungsschnitt im Winter.

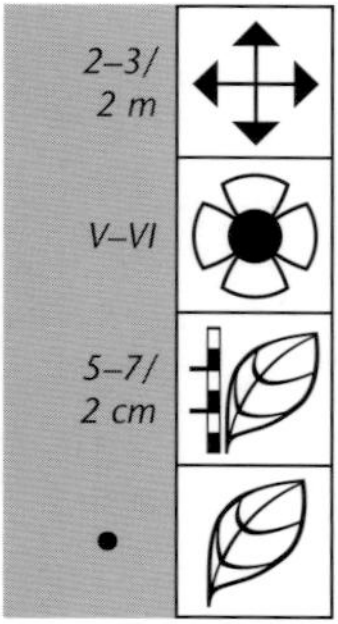

Foto: Dr. Helmut Pirc

Laburnum anagyroides
Gewöhnlicher Goldregen
Fabaceae, Hülsenfrüchtler

Heimat: Südeuropa.
Wuchs: Mehrstämmiger Kleinbaum, bis 7 m hoch, trichterförmige Krone, überhängend. Rinde grün, glatt. Triebe anfangs seidig behaart, Knospen wechselständig.
Blatt: Dunkelgrün, 3-teilig, bis 8 cm lang, elliptisch zugespitzt, gestielt, unterseits seidig behaart.
Blüte: Goldgelb, 2 cm, an bis zu 20 cm langen, hängenden Trauben; V–VI.
Frucht: Flache Hülsen, 8 cm lang. Die braunen, linsenförmigen Samen sind stark giftig.

6–7/ 3 m
V–VI
8/ 6–14 cm
•

Standort: Durchlässige, kalkhaltige Böden in voller Sonne.
Verwendung: Gärten und Parks in Einzelstellung, nie an Kinderspielplätzen.
Weitere Art: *L. alpinum*, Alpen-Goldregen, kahle, ungestielte Blätter.
Sonstiges: Pflanze ist in allen Teilen giftig.

?

Lavandula angustifolia

Echter Lavendel
Lamiaceae, Lippenblütler

Heimat: Südeuropa.

Wuchs: Zwergstrauch, reich verzweigt, aufrecht, immergrün.

Blatt: Kreuzweise gegenständig, linealisch lanzettlich, 2–6 cm lang, grau-grün.

Blüte: Blauviolette Blüten, 1 cm, an lang gestielten Scheinähren im Sommer; VII–VIII.

Frucht: Kleine Nüsschen in köpfchenartigen Fruchtständen.

Standort: Lockere, sandige Böden in voller Sonne, wärmeliebend.

Verwendung: In Stein- und Rosengärten, auch als Schnitthecke für Einfassungen.

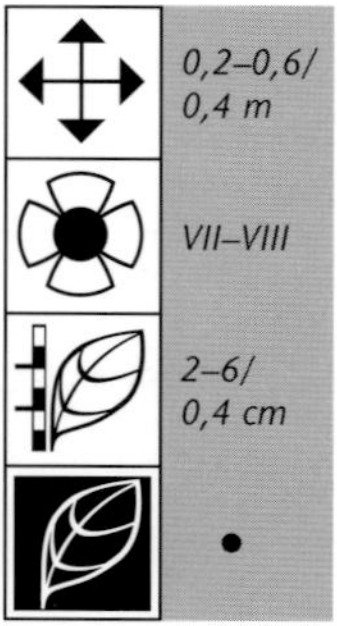

Sorten: 'Hidcote', großblütig, dunkelviolett. 'Munstead', breit wachsend.

Sonstiges: Geschützte Plätze. Rückschnitt nach der Blüte (Abschnitte für Duftkissen). Wichtige Nutzpflanze für die Kosmetik (Seifen, Duftwasser etc.).

Foto: Dr. Helmut Pirc

?

Liquidambar styraciflua

Amerikanischer Amberbaum

Hamamelidaceae, Zaubernussgewächse

Heimat: Südöstliche USA, Mittelamerika.

Wuchs: Hoher Baum bis 15(–45) m mit zuerst kegelförmiger Krone, später breiter. Borke dunkelgrau, tief gefurcht, Triebe mit unregelmäßigen Korkleisten.

Blatt: 5-lappig, 10–18 cm lang und breit, grün, im Herbst von gelb bis violett. Wechselständige Anordnung (Unterschied zu Ahornen).

Blüte: Einhäusig, männliche Blüten gelb, weibliche in kugeligen Köpfchen, hängend; IV–V.

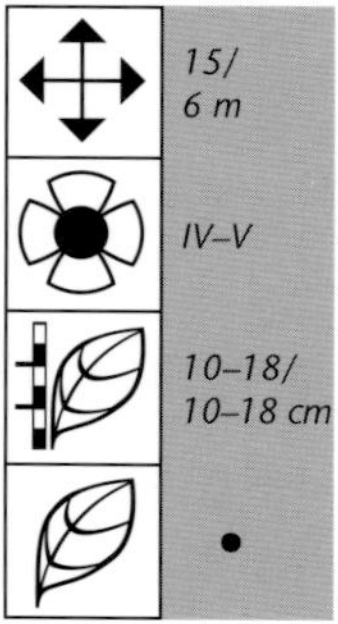

Frucht: Geschnäbelte, verholzte Kapseln in hängendem Köpfchen, 2–3 cm dick.

Standort: Nährstoffreiche, sandig humose, leicht saure Böden in sonniger Lage.

Verwendung: Solitärgehölz in Gärten und Parks.

Sonstiges: Großartige Herbstfärbung.

Foto: Andreas Bärtels

Lonicera × heckrottii

Feuer-Geißblatt
Caprifoliaceae, Geißblattgewächse

Heimat: Züchtung aus *L. americana* × *L. sempervirens.*
Wuchs: Schwach windender Strauch bis 4 m Höhe, Zweige hohl, kahl, braunrot.
Blatt: Gegenständig, länglich elliptisch, bis 6 cm lang, unterseits bläulich grün.
Blüte: Rot, innen gelb, duftend, 4–5 cm lang, röhrig lippig, in Quirlen; VI–IX.
Frucht: Rote, erbsengroße Beeren, giftig, halten lange.
Standort: Feuchtere, nährstoffreiche Böden im Halbschatten.

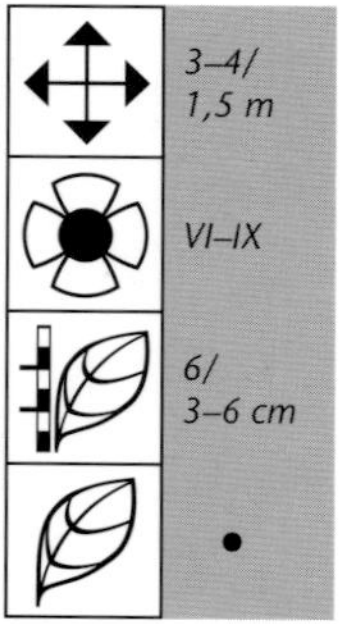

Verwendung: Kleinere Gerüste, Pergolen, Zäune, nie an Kinderspielplätze.
Sorten: 'Goldflame', Blüten dunkler.
Sonstiges: Blüten und Früchte oft gleichzeitig.

?

Lonicera tatarica

Tataren-Heckenkirsche
Caprifoliaceae, Geißblattgewächse

Heimat: Nördliches Europa bis Asien.
Wuchs: Breit aufrecht, Triebe hohl.
Blatt: Eiförmig lanzettlich, 3–6 cm lang, zugespitzt, unterseits bläulich grün.
Blüte: Weiß-rot, 2 cm lang, paarweise achselständig, 2–lippig; V–VI.
Frucht: Hellrote, kugelige Beeren, giftig.
Standort: Anspruchslos, für alle normalen Gartenböden in sonniger Lage.
Verwendung: Wind- und Sichtschutz in Parks, Unterpflanzungen, die Sorten auch einzeln.
Sorten: 'Arnold's Red', dunkelrot (Bild).

3–4/ 3–4 m	
V–VI	
3–6/ 3 cm	
•	

Foto: Eberhard Morell

Lonicera × tellmanniana

Gold-Geißblatt

Caprifoliaceae, Geißblattgewächse

Heimat: Züchtung aus *L. sempervirens* × *L. tragophylla*.

Wuchs: Stark wachsender Schlinger, olivbraune Triebe kahl und hohl.

Blatt: Tiefgrün, elliptisch zugespitzt, bis 10 cm lang, unterseits weißlich bereift, oberstes Blattpaar zu einer Scheibe verwachsen.

Blüte: Orangegelb, 5 cm lang, röhrenförmig, Krone 2–lippig, in endständigen Quirlen; V–VII.

Frucht: Rote Beeren in endständigen Trauben, giftig.

Standort: Humose Gartenböden im Halbschatten.

Verwendung: Für Pergolen und Zäune.

Sonstiges: Reich blühender Schlinger, remontiert.

	4–5/ 3 m
	V–VII
	10/ 4 cm
	•

Lonicera xylosteum

Rote Heckenkirsche
Caprifoliaceae, Geißblattgewächse

Heimat: Mitteleuropa, Kaukasus.
Wuchs: Breit aufrechter, sparrig verzweigter Strauch, Zweige hohl, hellgrau.
Blatt: Breit elliptisch, 3–6 cm lang, stumpf, leicht behaart, mattgrün.
Blüte: Gelblich weiß, 1–1,5 cm lang, paarig in den Blattachseln, kurzröhrig; V–VI.
Frucht: Glänzend rote Beeren, 5–7 mm groß, giftig.
Standort: Waldrand, humose Böden im Halbschatten, schwach sauer.
Verwendung: Landschaftsgehölz, Sichtschutz in städtischen Anlagen, anspruchslos.
Sonstiges: Laub wird von der Minierfliege geschädigt.

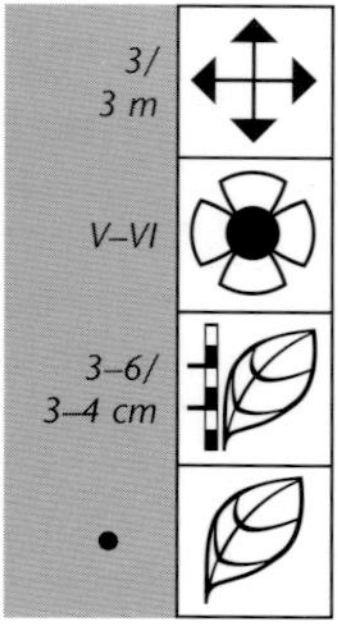

Foto: Eberhard Morell

Magnolia × soulangiana

Tulpen-Magnolie
Magnoliaceae, Magnoliengewächse

Heimat: Züchtung aus *M. denudata* × *M. liliiflora* (China).

Wuchs: Breit ausladender Großstrauch oder Kleinbaum, Rinde silbergrau. Triebe mit wechselständigen, pelzig behaarten Knospen.

Blatt: Grün, verkehrt eiförmig, bis 18 cm lang und 9 cm breit, unterseits behaart.

Blüte: Vor dem Laubaustrieb, aufrecht, tulpenförmig, bis 18 cm groß, rosa-weiß; IV–VI.

Frucht: Zapfenartige Früchte, werden selten ausgebildet.

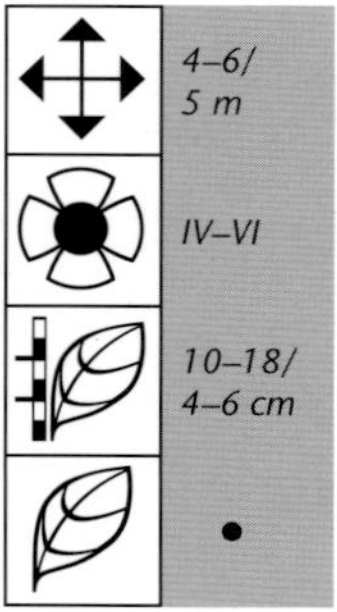

Standort: Humose, kalkarme Gartenböden in geschützten, sonnigen Lagen.

Verwendung: Solitärgehölz für größere Gärten und Parks.

Sorten: 'Alexandrina', zartrosa, früh. 'Lennei' innen weiß, außen purpurrot.

Sonstiges: Spätfrostgefährdet.

Foto: Dr. Helmut Pirc

?

Magnolia stellata

Stern-Magnolie
Magnoliaceae, Magnoliengewächse

Heimat: Japan.
Wuchs: Breit kugeliger Busch, langsam wachsend, dicht behaart.
Blatt: Wechselständig, schmal elliptisch, bis 10 cm lang, grün, im Herbst braun.
Blüte: Weiß, 8–10 cm groß, duftend, mit 12–18 schmalen Petalen; III–IV.
Frucht: Zapfenförmig, 5 cm lang, enthält wenige, erbsengroße, rote Samen.
Standort: Humose, durchlässige Gartenböden in sonnigen Lagen, geschützter Stand.
Verwendung: Einzeln in Vorgärten, an der Terrasse.
Weitere Sorten und Arten: 'Rubra', Blüten purpurrosa. *M.* × *loebneri* (*M. kobus* × *M. stellata*) wächst etwas stärker, frühe Blüte.
Sonstiges: Blüht schon als junge Pflanze reichlich, langsamer Wuchs.

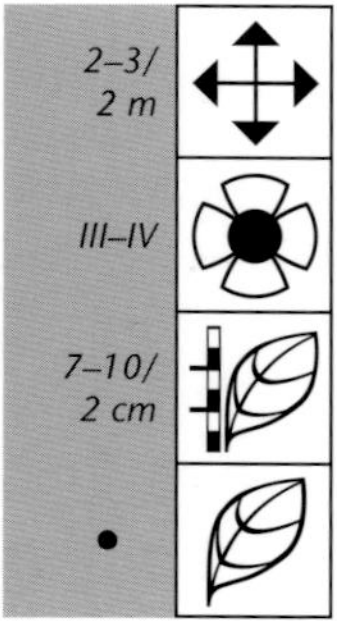

Foto: Eberhard Morell

Parthenocissus quinquefolia
Gewöhnliche Jungfernrebe
Vitaceae, Weinrebengewächse

Heimat: Östliche USA.
Wuchs: Stark wachsender Kletterer, mit Haftscheiben.
Blatt: Dunkelgrün, 5-teilig gelappt, 10–25 cm groß, wechselständig, unterseits bläulich bereift, im Herbst scharlachrot.
Blüte: Unscheinbar, weiß bis grünlich weiß, an Rispen im Sommer; VII–VIII.
Frucht: Schwarze Beerenfrüchte 5–7 mm groß.
Standort: Durchlässige, kalkhaltige Gartenböden in voller Sonne.
Verwendung: Klettert in Bäumen, an Mauern, Pergolen usw. Varietät: *P. quinquefolia* var. *engelmannii*, Ranken mit Haftscheiben, wichtiger Selbstklimmer. Häufiger in Kultur als die Art, vielseitigere Verwendung.

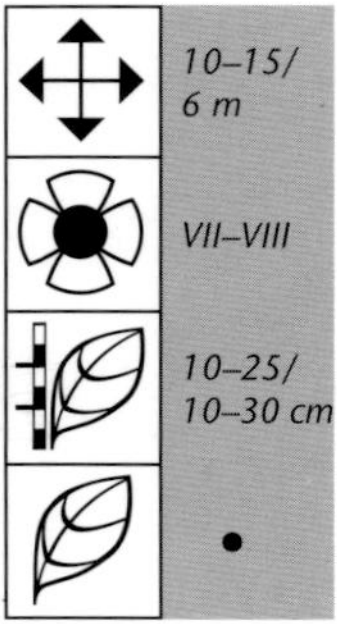

Foto: Eberhard Morell

?

Philadelphus coronarius

Falscher Jasmin,
Gewöhnlicher Pfeifenstrauch
Hydrangeaceae, Hortensiengewächse

Heimat: Südeuropa.
Wuchs: Straff aufrechter Strauch, Triebe braun und kahl, verborgene Knospen, Zweige mit weißem Mark.
Blatt: Eiförmig zugespitzt, 4–10 cm lang, dunkelgrün, gegenständig angeordnet.
Blüte: Rahmweiß in endständigen Trauben, 3 cm breit, vierzählig, stark duftend; V–VI.
Frucht: 4-klappige Kapsel, 5–10 mm, braun.
Standort: Tiefgründige, humose, kalkreiche Gartenböden in sonnigen Lagen.

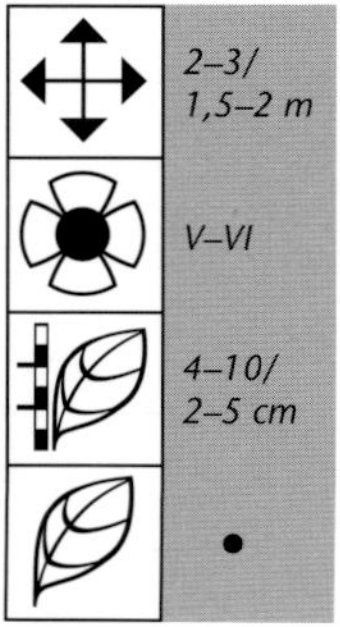

Verwendung: Einzeln, in Gruppen oder als Blütenhecke.
Sorten: 'Zeyheri', reich blühend. Viele weitere Gartensorten, auch mit gefüllten Blüten.
Sonstiges: Dichtfilziges Wurzelwerk, vor der Blüte düngen und wässern.

Foto: Dr. Helmut Pirc

Philadelphus × lemoinei

Niedriger Pfeifenstrauch
Hydrangeaceae, Hortensiengewächse

Heimat: Züchtung aus *P. coronarius* × *P. microphyllus*.
Wuchs: Breitbuschig, niedrig, leicht überhängend, Triebe braun, abblätternd, mit weißem Mark gefüllt, Knospen gegenständig.
Blatt: Schmal eiförmig, zugespitzt, 3–4 cm lang, Rand gezähnt, grün.
Blüte: Weiß, duftend, einfach oder gefüllt, in endständigen Trauben je nach Sorte; VI–VII.
Frucht: Unscheinbare, braune Kapsel.
Standort: Gute Gartenböden in voller Sonne.
Verwendung: Einzeln, in Gruppen, gute Blütenhecke, für Vorgärten und Steingärten.
Sorten: 'Dame Blanche', schwach gefüllt. 'Erectus', aufrecht, weiß.
Sonstiges: Herrlicher Blütenstrauch.

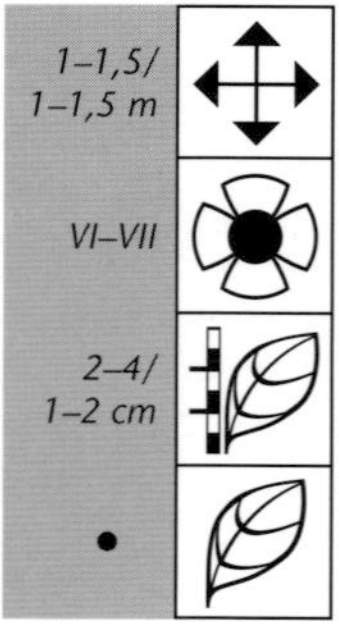

Prunus cerasifera 'Nigra'

Blut-Pflaume

Rosaceae, Rosengewächse

Heimat: Sorte aus europäischer Wildart.

Wuchs: Großstrauch oder Kleinbaum, oft mehrstämmig, ausladende Krone, 5–7 m.

Blatt: Elliptisch bis verkehrt eiförmig, 4–6 cm lang, spitz, schwarzrot.

Blüte: Blassrosa Schalenblüten, 1,5 cm breit; IV.

Frucht: Rundliche Steinfrüchte, 3 cm breit, rot, essbar.

Standort: Tiefgründige, kalkreiche Böden in voller Sonne.

Verwendung: Einzelstellung in größeren Gärten und Parks.

Weitere Arten: *P. × cistena*, Zwerg Blut-Pflaume, nur 2–3 m hoher Strauch, weiße Blüten (Bild).

Sonstiges: Interessante Laubfarbe, die nicht verblasst.

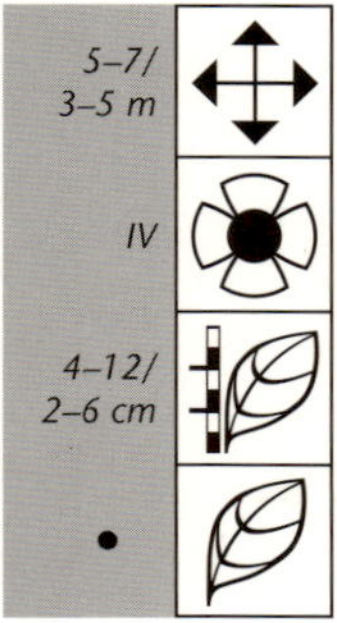

Foto: Andreas Bärtels

Prunus laurocerasus

Lorbeer-Kirsche, Kirschlorbeer
Rosaceae, Rosengewächse

Heimat: Ost-Balkan, Vorderasien, Kaukasus.
Wuchs: Immergrüner, breiter Strauch, Rinde grau.
Blatt: Wechselständig, breit lanzettlich, zugespitzt, derb ledrig, glatt, bis 12 cm lang.
Blüte: Weiß, 5-zählig, über 1 cm groß, duftend, in aufrechten, bis 12 cm langen Blütentrauben. Nachblüte im Herbst; IV–V, IX.
Frucht: Kugelige Steinfrüchte, 8 cm groß, schwarzrot, blausäurehaltiger, giftiger Kern.
Standort: Lehmig humose Gartenböden im Halbschatten und Schatten.

	1,5–2/ 2–3 m
	IV–V, IX
	5–12/ 2–5 cm
	•

Verwendung: Gruppenweise oder als Hecken, wichtig für die Kranzbinderei.
Sorten: 'Mischeana' und 'Zabeliana', breit wachsend, 1–1,5 m hoch, 3–4 m breit. 'Otto Luyken', aufrecht, 0,8–1,5 m hoch, 2–4 m breit, schmales Laub (Bild).
Sonstiges: Giftpflanze.

?

Prunus padus

Gewöhnliche Trauben-Kirsche
Rosaceae, Rosengewächse

Heimat: Europa bis Asien.
Wuchs: Strauch- bis baumförmig, 10–15 m hoch, schlank. Knospen dunkel, spitz. Borke grauschwarz, helle Lentizellen, duftet unangenehm nach Bittermandeln.
Blatt: Verkehrt eiförmig, 6–12 cm lang, zugespitzt, runzelig, stumpfgrün, unterseits blaugrün. Am Blattstiel 2 Nektardrüsen.
Blüte: Weiß, 1–2 cm breit, in 10–20 cm langen, hängenden Trauben; IV–V.
Frucht: Steinfrüchte glänzend schwarz, erbsengroß, bitter, nicht giftig.
Standort: Frischer bis feuchter Boden in Sonne und Halbschatten.
Verwendung: Einzeln oder in Gruppen an Bach- und Seeufern, Parks.
Ähnliche Art: *P. serotina,* Späte Traubenkirsche aus USA, glänzendes, gelbes Herbstlaub.

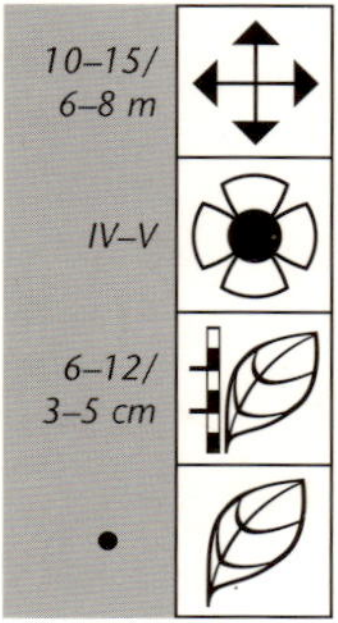

?

Prunus spinosa

Schwarzdorn, Schlehe
Rosaceae, Rosengewächse

Heimat: Europa, Vorderasien, Kaukasus, Nordafrika.

Wuchs: Breite, dichte Büsche, Zweige bedornt, schwarzbraun.

Blatt: Elliptisch, nur 3–5 cm groß, grün, im Herbst gelb, wechselständig.

Blüte: Weiß, 5-zählig, 1–2 cm groß, vor dem Laubaustrieb; IV–V.

Frucht: Blau bereifte Steinfrucht, bis 1,5 cm groß, kugelig, säuerlich, erst nach Frosteinwirkung geniessbar, wird zur Likörbereitung verwendet.

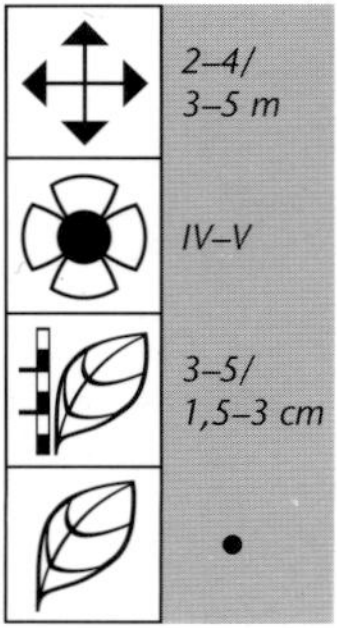

Standort: Magere, durchlässige Böden aller Art, sonnige Lagen.

Verwendung: Frei wachsende, undurchdringliche Hecke, Wind- und Vogelschutz.

Sonstiges: Sehr anspruchslos, besonders auf Kalkböden.

Prunus subhirtella
Higan-Kirsche, Japanische
Blüten-Kirsche
Rosaceae, Rosengewächse

Heimat: Japan, nur aus Kultur bekannt.
Wuchs: Zierlicher, kleinkroniger Baum, oft nur strauchig wachsend.
Blatt: Bis 9 cm lang, eiförmig zugespitzt, grün, im Herbst gelbbraun, Knospen wechselständig, am Blattstiel 2 Nebenblättchen.
Blüte: Hellrosa, 3 cm groß, vor dem Austrieb; III–IV.
Frucht: Kleine Steinfrüchte, kugelig, schwarz, 8 mm groß.
Standort: Lehmig humose Gartenböden in voller Sonne.
Verwendung: Einzeln oder in Gruppen, für kleinere Gärten.
Sorten: 'Autumnalis', bis 5 m hoch, Blütenbeginn im Herbst, Hauptblüte im April (Bild). 'Fukubana', rosa, halbgefüllt. 'Pendula Rubra', rosa gefüllte Hängeform.
Sonstiges: Herbstfärbung.

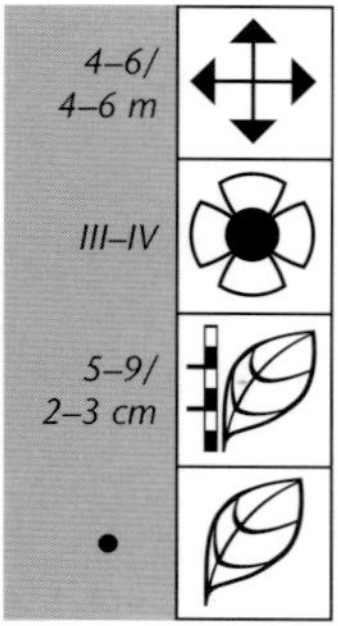

?

Prunus triloba

Mandelbäumchen
Rosaceae, Rosengewächse

Heimat: China.

Wuchs: Breit aufrecht, dichtbuschig, mit steifen Trieben, Zweige rotbraun.

Blatt: Elliptisch, zugespitzt, schwach dreilappig, 4–9 cm lang. Am Blattstiel kleine Nebenblättchen.

Blüte: Rosettenförmig, rosa gefüllt, 3–4 cm groß, erscheinen über die gesamte Länge der vorjährigen Triebe; III–IV.

Frucht: Steinfrucht, selten.

Standort: Kräftige, tiefgründige Gartenböden in sonnigen Lagen.

Verwendung: Einzeln in Vorgärten, Hausgärten und Parks, Treibgehölz, Schnittstrauch.

Sonstiges: Verblühte Triebe sofort nach der Blüte stark zurückschneiden, ebenso auf Austriebe der Unterlage achten.

1,5–3/ 1,5–2 m

III–IV

4–9/ 2,5–5 cm

•

Foto: Eberhard Morell

Pyracantha coccinea
Mittelmeer-Feuerdorn
Rosaceae, Rosengewächse

Heimat: Südeuropa, Südwestasien.
Wuchs: Breit aufrecht, sparrig verzweigt, bis 3 m hoher, undurchdringlicher Großstrauch. Grauschwarze Triebe mit steifen Dornen, wechselständig.
Blatt: Elliptisch, zugespitzt, 2–4 cm lang, glänzend grün, immergrün.
Blüte: Weiß, 8 mm breit, in vielblütigen Doldenrispen; V–VI.
Frucht: Apfelfrüchte, meist orange, 5–6 mm groß, lang haftend.
Standort: Durchlässige, humose Gartenböden im Halbschatten.

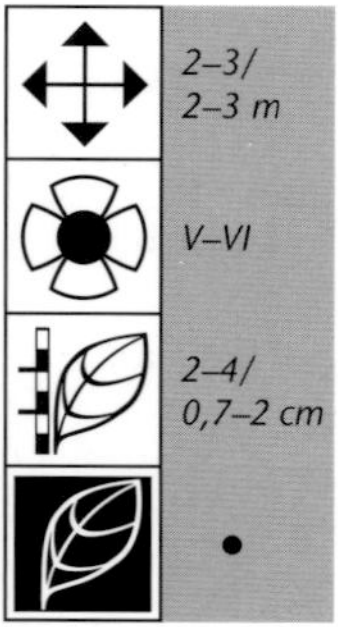

Verwendung: Einzeln, in Gruppen oder als frei wachsende Fruchthecke in Gärten und Parks.
Sorten: 'Bad Zwischenahn', orange. 'Orange Glow', orange. 'Soleil d'Or', gelb (Bild).
Sonstiges: Feuerbrand gefährdet, frostempfindlich.

Foto: Eberhard Morell

?

Rhododendron catawbiense

Catawba-Rhododendron
Ericaceae, Heidekrautgewächse

Heimat: Östliches Nordamerika.
Wuchs: Breitbuschiger Strauch, immergrün, dicht verzweigt.
Blatt: Elliptisch bis länglich, 6–12 cm lang, zugespitzt, glänzend grün.
Blüte: Violett, trichterförmig, 5–6 cm groß, zu 15–20 in dichtem Blütenstand; V–VI.
Frucht: 5-teilige, braune, verholzte Kapsel.
Standort: Saure, lehmig humose Böden im Halbschatten.
Verwendung: Einzeln, in Gruppen oder als frei wachsende, dichte Blütenhecke.
Sorten: 'Grandiflorum', lila, großblumig, gut winterhart. 'Cunningham's White', weiß, hart. 'Humboldt', hellpurpur, rote Zeichnung, hart. 'Queen Mary', rot.
Sonstiges: Schäden durch Dickmaulrüssler und Welkepilze möglich. Giftig.

3,5–6/
2,5–4 m

V–VI

6–12/
5 cm

•

Foto: Andreas Bärtels

Rhododendron forrestii Repens-Gruppe

Zwerg-Rhododendron
Ericaceae, Heidekrautgewächse

Heimat: Züchtung aus *R. forrestii* var. *repens*, China und Tibet.

Wuchs: Breitbuschiger, immergrüner Strauch, dicht.

Blatt: Elliptisch, dunkelgrün, 4–8 cm lang.

Blüte: Dunkelrot, 6–7 cm große Trichterblüten, dichte Doldentraube; IV.

Frucht: 5-teilige Kapsel, unscheinbar.

Standort: Humose, saure, nährstoffreiche Gartenböden im Halbschatten.

Verwendung: Vorgärten, Gräber, Schalen und Steingärten.

Sorten: 'Baden-Baden', scharlachrot, 1 m hoch. 'Frühlingszauber', leuchtend rot, 0,6 m hoch, aber breiter. 'Scarlet Wonder', scharlachrot, 0,6 m, alle winterhart.

Sonstiges: Viele Züchtungen durch Dietrich Hobbie.

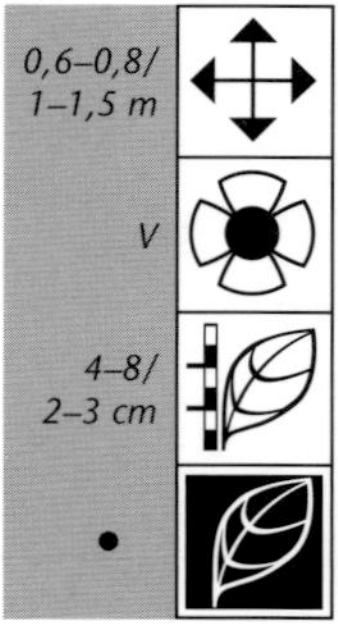

Foto: Andreas Bärtels

Rhododendron molle
subsp. **japonicum**

Japanische Azalee

Ericaceae, Heidekrautgewächse

Heimat: Japan.

Wuchs: Breit aufrecht wachsender Strauch, sparrig verzweigt, Triebe braun.

Blatt: Länglich lanzettlich, sommergrün, bis 10 cm lang, Unterseite bläulich grün, im Herbst gelb bis rot, giftig.

Blüte: Trichterförmig, 6–8 cm breit, mit 5 Kronlappen, in Büscheln an den Triebenden; V. Farben je nach Sorte gelb, rosa oder orange.

Frucht: 5-teilige Kapsel, braun.

Standort: Humose, leicht saure, durchlässige Böden, sonnige und halbschattige Lagen.

Verwendung: Einzeln oder in Gruppen für Vorgärten, Hausgärten, Parks.

Sorten: Viele Hybriden mit anderen Arten, unzählige Sorten.

Sonstiges: Unentbehrliches Blütengehölz.

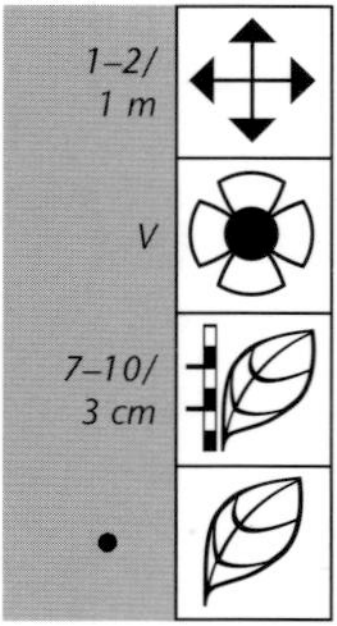

?

Rhus hirta (Syn. R. typhina)
Essigbaum, Kolben-Sumach
Anacardiaceae, Sumachgewächse

Heimat: Östliches Nordamerika.

Wuchs: Breit, straff aufrecht wachsender Strauch, oft mehrstämmig, graubraune Rinde, Jungtriebe samtig behaart, treibt viele Wurzelausläufer, brüchiges Holz.

Blatt: Unpaarig gefiedert, bis 50 cm lang, Einzelblättchen 5–12 cm lang, hellgrün, im Herbst orange bis scharlachrot, Knospen wechselständig.

Blüte: Grünlich weiß in dichten, endständigen Rispen, 15–20 cm lang, zweihäusig; VI–VII.

3–5/ 3–4 m
VI–VII
20–40/ 10–25 cm
•

Frucht: Steinfrucht. Scharlachrote, kolbenartige Fruchtstände, zieren jahrelang.

Standort: Normaler Gartenboden in sonniger Lage.

Verwendung: Im Einzelstand im Garten und Park.

Sorten: 'Dissecta', 3 m hoch und breit, geschlitzte, farnartige Blätter.

Sonstiges: Kann durch Ausläufer lästig werden.

Foto: Eberhard Morell

Ribes sanguineum
Blut-Johannisbeere
Grossulariaceae, Stachelbeergewächse

Heimat: Westliches Nordamerika.
Wuchs: Breit aufrechter, Strauch, ältere Zweige rotbraun.
Blatt: Rundlich, 5–10 cm breit, 3- bis 5-lappig, Basis herzförmig, oberseits runzelig.
Blüte: In hängenden Trauben, bis 8 cm lang, Einzelblüte röhrig glockig, rosarot; IV–V.
Frucht: Schwarze, blau bereifte, längliche Beere, 7–9 mm lang.
Standort: Nährstoffreiche Gartenböden in sonnigen Lagen.
Verwendung: Hausgärten, Parkanlagen, im Einzelstand oder in Gruppen.
Sorten: 'King Edward VII', rot, reich blühend, gedrungen.
Sonstiges: Prächtiges Blütengehölz, gut zu Spiersträuchern.

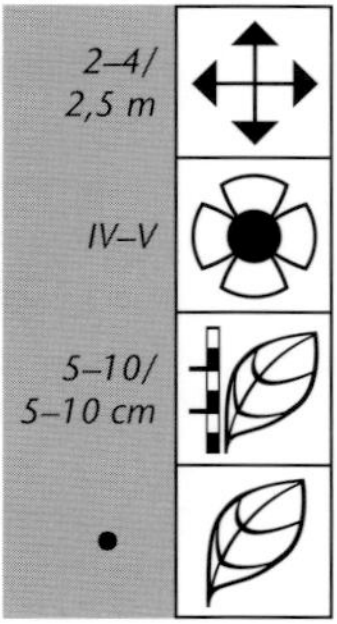

Robinia pseudoacacia

Gewöhnliche Scheinakazie, Robinie
Fabaceae, Hülsenfrüchtler

Heimat: Nordamerika.
Wuchs: Aufrechter Baum, lockere schirmförmige Krone, Holz widerstandsfähig. Borke braungrau, tiefrissig, Stamm oft wulstig gedreht, Zweige olivgrün mit paarig angordneten Blattdornen neben der Knospe.
Blatt: Mattgrün, bis 30 cm lang, unpaarig gefiedert, wechselständig angeordnet. Einzelblättchen bis 6,0 cm lang, im Herbst gelb.
Blüte: Weiß, 2–3 cm lang, duftend, an 10–20 cm langen Blütentrauben; V–VI.
Frucht: Braun, 5–8 cm lange Fruchthülsen, Samen giftig!
Standort: Verträgt selbst magerste Böden in voller Sonne.
Verwendung: Parkbaum, Bodenfestiger, gute Bienenweide.
Sorten: 'Frisia', goldgelbes Laub. 'Inermis', dornenlos. 'Umbraculifera', Kugel-Robinie.
Sonstiges: Bildet viele Ausläufer und Wurzeltriebe.

	20–25/ 10–15 m
	V–VI
	20–30/ 6–12 cm
	•

?

Rosa canina

Hunds-Rose
Rosaceae, Rosengewächse

Heimat: Europa.
Wuchs: Hoher, überhängender Strauch, Triebe grünbraun mit Stacheln.
Blatt: Unpaarig gefiedert, 5– bis 7–zählig, 8–12 cm lang, Blättchen 5–8 cm lang, eiförmig.
Blüte: Bis 5 cm breite Schalenblüten, rosa, fünfzählig, duftend; V–VI.
Frucht: Rote Hagebutte (Sammelfrucht), länglich kugelig, bis 3 cm, für Marmelade und Tee-Herstellung.
Standort: Durchlässige, kalkhaltige Böden in voller Sonne.
Verwendung: Feldhecke, Gehölzrand, Böschungen in freier Landschaft.
Sorten: 'Kiese', blutrot, 2 m hoch (Bild).
Sonstiges: Veredlungsunterlage für Beetrosen und als Stammbildner bei Hochstammrosen.

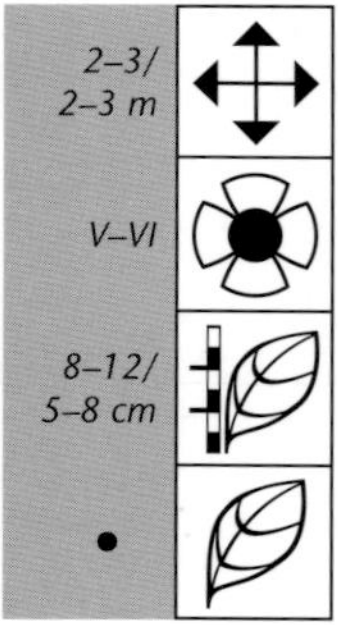

Rosa-Gartenrosen Edelrosen, Teehybriden

Rosaceae, Rosengewächse

Heimat: Züchtungen.

Wuchs: Aufrecht, breitbuschig, ältere Triebe braun, viele Stacheln.

Blatt: Unpaarig gefiedert, 5– bis 7–zählig, Blättchen eiförmig, 4–8 cm lang, glänzend.

Blüte: Meist gefüllt, einzeln am Triebende, wohlgeformte Knospen, geschützt durch 5 grüne Kelchblätter. Farben je nach Sorte unterschiedlich, weiß bis schwarzrot; VI–IX.

Frucht: Rot bis orangerote Hagebutten, enthalten viele harte Samen.

Standort: Nährstoffreiche, lehmig humose Gartenböden in voller Sonne.

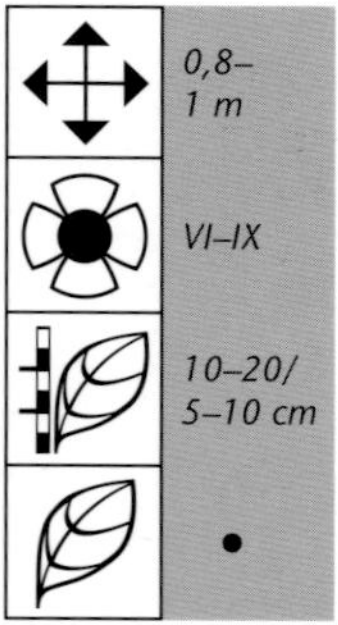

Verwendung: Besondere Rosenbeete, Schnittpflanze.

Sorten: ‘Escapade’, rosa. ‘Gloria Dei’, goldgelb, gesund (Bild). Viele Sorten (siehe Spezialkataloge).

Sonstiges: Auf Krankheiten und Schädlinge achten, sehr anspruchsvoll. Okulation auf *Rosa canina*.

Foto: Andreas Bärtels

?

Rosa-Gartenrosen Beetrosen

Rosaceae, Rosengewächse

Heimat: Züchtung.

Wuchs: Je nach Sorte strauchförmig, buschig bis gedrungen.

Blüte: Viele Sorten in Rot, Rosa, Weiß und Gelb, meist gefüllt und remontierend.

Polyantha-Hybriden: Mehrblumige Doldenrispen mit eher einfachen bis halbgefüllten Blüten. **Sorten:** 'Lampion', blutrot, einfach, 0,5 m. 'Marlena', dunkelrot, gefüllt, 35 cm.

Floribunda-Rosen: Edelrosenförmige Blüten. **Sorten:** 'Edelweiß', cremeweiß, gefüllt, 40 cm. 'Friesia', gelb, gefüllt, 70 cm (Bild). 'Pußta', blutrot, 60 cm.

Floribunda-Grandiflora-Rosen: Besonders großblumig: 'Duftwolke', rot gefüllt, 60 cm.

Standort: Nährstoffreiche, lehmig humose Gartenböden in voller Sonne.

Verwendung: Rosenbeete, aber auch zu niederen Stauden und Gräsern im Hausgarten.

Sonstiges: Hoher Pflegeaufwand.

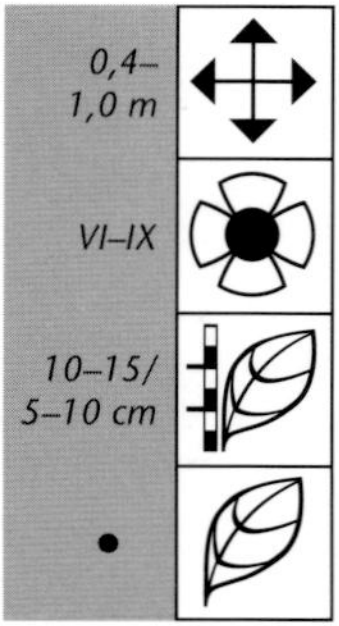

Foto: Eberhard Morell

Rosa-Gartenrosen Kletterrosen

Rosaceae, Rosengewächse

Heimat: Züchtung.

Wuchs: Aufrecht, stark überhängend bis kletternd.

Blüte: Einfach bis gefüllt, unterschiedliche Farben, je nach Sorte. Meist remontierend; VI–IX.

Frucht: Orangerote Hagebutten (Sammelfrucht), 2–4 cm.

Standort: Nährstoffreiche Gartenböden in voller Sonne bis Halbschatten.

Verwendung: Braucht als Spreizklimmer eine Rankhilfe, z.B. Pergolen, Gerüste, Rosenbögen.

Sorten: 'Sympathie', scharlachrot, gefüllt, reich blühend, remontiert (Bild).

Sonstiges: In vielen Farben erhältlich, siehe Spezialkataloge.

	3–4/ 3–4 m
	VI–IX
	10–15/ 7 cm
	•

Foto: Eberhard Morell

Rosa-Gartenrosen Strauchrosen

Rosaceae, Rosengewächse

Heimat: Züchtung.

Wuchs: Straff aufrecht bis überneigend, je nach Sorte, Triebe stark bestachelt.

Blatt: Unpaarig gefiedert, glänzend grün, 15 cm lang.

Blüte: Je nach Sorte weiß, gelb, rosa oder rot, einfach bis gefüllt; VI–X. Es gibt einmalblühende und remontierende Sorten.

Frucht: Auffällige Hagebutten von 2–4 cm, orangerot.

Standort: Nährstoffreiche Gartenböden in voller Sonne.

Verwendung: Einzeln oder in Gruppen in Hausgärten und Parks.

Sorten: 'Lichtkönigin Lucia', zitronengelb, locker gefüllt, 8–10 cm breit (Bild).

Sonstiges: Herrliche Blütensträucher, einmalblühende oder remontierende Sorten, letztere mit einer Nachblüte im Spätsommer.

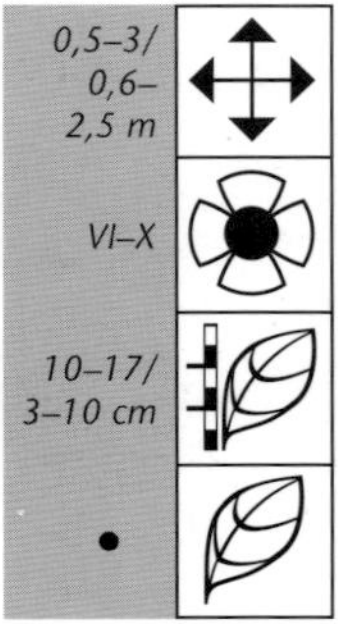

Foto: Eberhard Morell

?

Rosa multiflora

Vielblütige Rose
Rosaceae, Rosengewächse

Heimat: Japan und Korea.
Wuchs: Dichter Busch, Triebe überneigend, kaum bestachelt.
Blatt: Unpaarig gefiedert, 5–12 cm lang, 7–9 Blättchen, elliptisch, 2–6 cm lang, oberseits glänzend grün, unten matt, Nebenblätter kammförmig geschlitzt.
Blüte: Weiß, zahlreich in kegelförmigen Rispen, 2 cm breit, duftend; VI–VII.
Frucht: Hagebutten (Sammelfrucht) klein, oval, 5 mm lang, orange, werden reichlich gebildet.
Standort: Normale Gartenböden in voller Sonne und Schatten.
Verwendung: Parks, Straßenbegleitgrün, Hecken.
Sonstiges: Anspruchsloses Vogelnähr- und Windschutzgehölz.

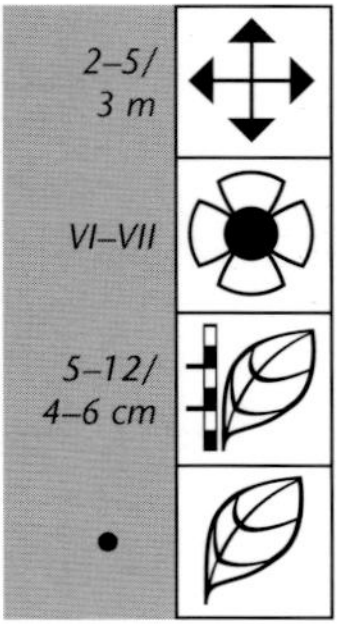

?

Rosa rugosa
Kartoffel-Rose
Rosaceae, Rosengewächse

Heimat: Ostasien.
Wuchs: Straff aufrechter, dicktriebiger Strauch, viele Ausläufer bildend. Triebe mit Stacheln und Stachelborsten.
Blatt: Unpaarig gefiedert, 6–12 cm lang, 5–9 Einzelblättchen, 2–5 cm lang, runzelig, elliptisch, glänzend grün, unterseits graugrün, im Herbst orangerot.
Blüte: Einzeln, 6–9 cm breit, purpur oder rosa, duftend, remontiert; VII–IX.
Frucht: Große Hagebutten (Sammelfrucht), flach rundlich, bis 2,5 cm breit, hellrot, verwertbar.

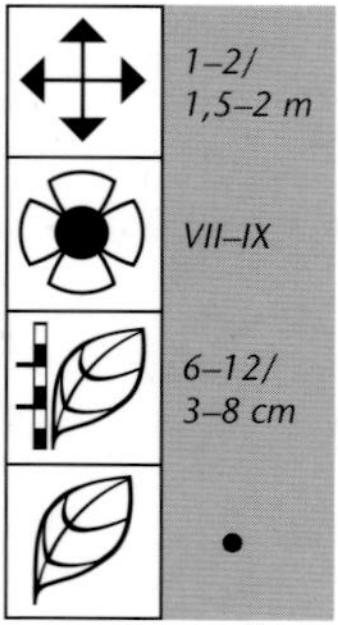

Standort: Anspruchslos, für alle durchlässigen Böden in voller Sonne und Halbschatten.
Verwendung: Niedrige Hecken, einzeln oder flächig, Böschungen, Straßenbegleitgrün.
Sorten: 'Alba', weiße Blüten, gelbe Früchte. Viele großblumige Sorten.
Sonstiges: Salztolerant.

Foto: Dr. Helmut Pirc

?

Salix caprea

Sal-Weide
Salicaceae, Weidengewächse

Heimat: Europa bis Nordostasien.
Wuchs: Strauch bis Kleinbaum, vielstämmig. Triebe grau bis rotbraun. Knospen wechselständig, Blütenknospen dicker, von nur einer Schuppe geschützt.
Blatt: Grün, eiförmig zugespitzt, bis 12 cm lang, unterseits graufilzig, 2 Nebenblätter.
Blüte: 2-häusig, männliche Kätzchen bis 2–5 cm lang, silbrig, gelbe Staubgefäße. Weibliche Kätzchen 2–5 cm, goldgelb; III–IV, Bestäubung durch Insekten.
Frucht: Viele Kapseln, 5–6 cm lang, Samen mit Fruchthaaren.

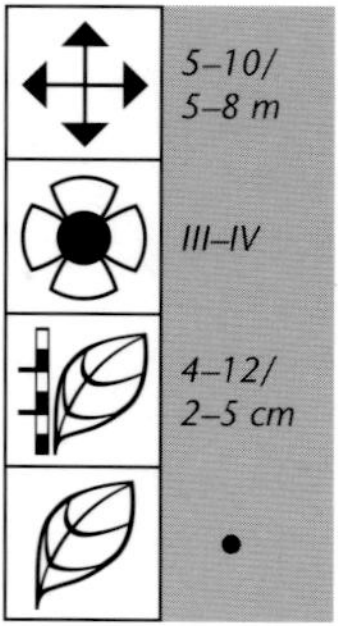

Standort: Für fast alle Böden und Lagen. Anspruchslos.
Verwendung: Landschaft, Gärten und Parks. Schnittpflanze.
Sorten: 'Mas', männliche Auslese, größere Kätzchen als die Art. 'Pendula', Hängeform, 2 m.

Foto: Eberhard Morell

?

Sambucus nigra

Schwarzer Holunder
Caprifoliaceae, Geißblattgewächse

Heimat: Nordafrika, Europa bis Sibirien.

Wuchs: Breiter Strauch bis 5 m, auch baumartig bis 10 m Höhe, breit ausladende Krone. Borke hellgrau, tiefrissig, Triebe dick, hellgrau, viele Lentizellen, weißes Mark.

Blatt: Gegenständig, unpaarig gefiedert, mattgrün, 10–30 cm lang, Einzelblättchen 3- bis 5-zählig, eiförmig bis elliptisch, 5–10 cm lang, zugespitzt, Duft unangenehm.

Blüte: Rahmweiß in flachen Doldenrispen, 10–15 cm breit, stark duftend; VI–VII.

Frucht: Steinfrucht. Rote bis schwarze Beere, 4–5 mm groß, innen mit Steinkernchen, essbar.

Standort: Stickstoffreiche, kalkhaltige Böden aller Lagen.

Verwendung: Einzeln oder in Gruppen in der Landschaft, Windschutz, Fruchtgehölz.

Sorten: 'Marginata', Blätter mit goldgelbem Rand. Fruchtsorten.

Sonstiges: Grüne Pflanzenteile sind giftig.

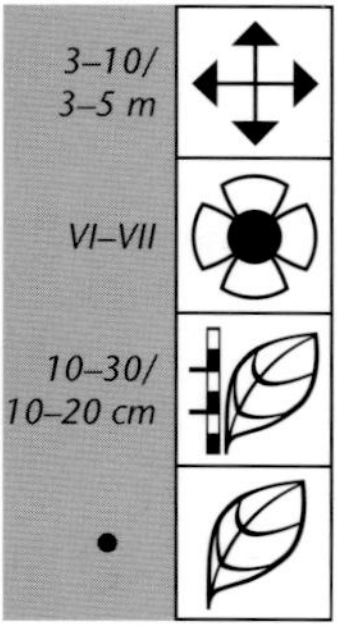

Sorbus aucuparia

Gewöhnliche Eberesche,
Vogelbeere
Rosaceae, Rosengewächse

Heimat: Europa über Kleinasien bis Sibirien.
Wuchs: Strauch- oder baumförmig, oft mehrstämmig, lockere Krone. Triebe grau, rutenförmig, Knospen wechselständig, seidig behaart. Borke grausilbrig.
Blatt: Grün, unpaarig gefiedert, 8–15 cm lang, Blättchen 2,5–6 cm, eiförmig, gesägt. Herbstfärbung gelb bis orange.
Blüte: Weiß, 1 cm breit, in flachen, 10–15 cm breiten Rispe; V–VI.
Frucht: Kugelige Apfelfrüchte, 8–10 mm groß, korallenrot.
Standort: Mischwälder, Heide und Moorgebiete, auf sauren bis neutralen Böden, sonnig.
Verwendung: Einzeln oder in Gruppen als Pioniergehölz.
Sorten: 'Edulis', Mährische Eberesche, mit größeren, verwertbaren Früchten (Saft, Marmelade); (Bild).
Sonstiges: Durch Feuerbrand gefährdet.

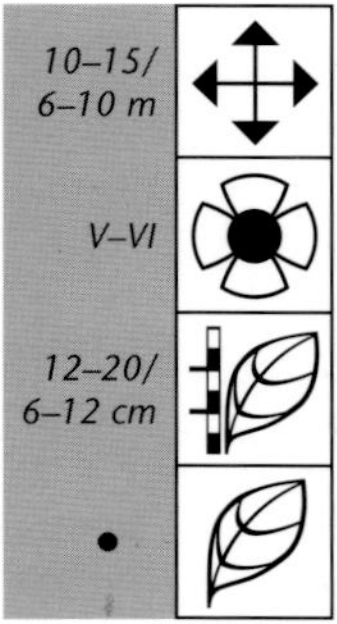

Foto: Dr. Helmut Pirc

?

Spiraea × arguta

Braut-Spierstrauch
Rosaceae, Rosengewächse

Heimat: Züchtung aus *S.* × *multiflora* × *S. thunbergii*.

Wuchs: Breitbuschig, bis 2 m hohe, überhängende Zweige. Triebe hell bis dunkelbraun.

Blatt: Wechselständig, hellgrün, schmal lanzettlich, bis 4 cm lang.

Blüte: Reinweiß, 8 mm breit, in kleinen Trugdolden entlang der ganzen Triebe, reich blühend; IV–V.

Standort: Tiefgründige, nährstoffreiche Gartenböden in voller Sonne.

Verwendung: Einzeln, in Gruppen oder als frei wachsende Hecke in Gärten und Parks.

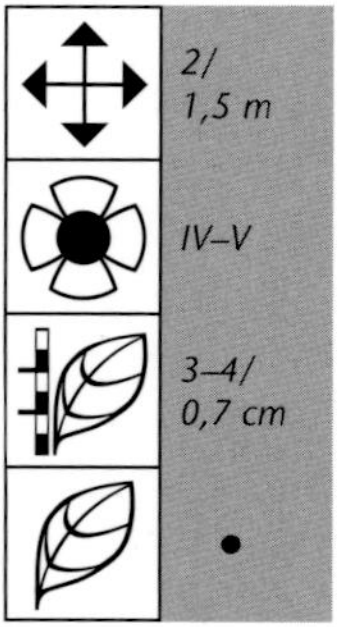

Arten: *S.* × *cinerea* 'Grefsheim' ist ähnlich, aber graulaubiger und blüht eine Woche eher. *S. thunbergii* ist in allen Teilen zierlicher, blüht schon Anfang April.

Sonstiges: Unentbehrliche Frühlingsblüher.

Foto: Dr. Helmut Pirc

Spiraea japonica

Japanischer Spierstrauch
Rosaceae, Rosengewächse

Heimat: Ostasien.
Wuchs: Steif aufrechter Kleinstrauch von 1–1,5 m Höhe, vieltriebig.
Blatt: Eiförmig, zugespitzt, 2–8 cm lang, unterseits graugrün, wechselständige Anordnung.
Blüte: Bis 10 mm breit, in 5–10 cm breiten, endständigen Doldentrauben, rosa; VI–IX.
Frucht: Kleine Balgfrüchte, spreizend, braun.
Standort: Alle kultivierten Gartenböden in Sonne und Halbschatten.
Verwendung: Einzeln, in Gruppen oder als frei wachsende Hecke in Gärten und Parks.
Sorten: 'Anthony Waterer', bis 0,8 m, Blätter oft gelb gestreift, karminrot. 'Little Princess', 0,3–0,6 m hoch, bis 0,8 m breit, hellrosa.

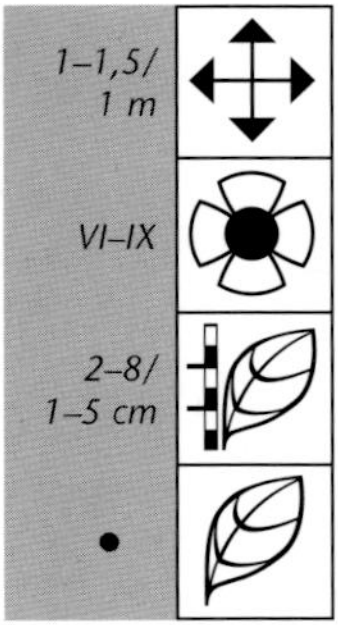

Foto: Andreas Bärtels

Spiraea × vanhouttei

Belgischer Spierstrauch, Pracht-Spiere
Rosaceae, Rosengewächse

Heimat: Züchtung aus *S. cantoniensis* × *S. trilobata*.

Wuchs: Dicht verzweigter Strauch, Triebe überhängend, braun.

Blatt: Rhombisch eiförmig, 2–4 cm lang, Basis keilig, 3- bis 5-lappig, unten bläulich grün. Herbstfärbung gelb-orange, wechselständige Anordnung.

Blüte: Weiß, 10 mm breit, in flachen, vielblütigen Doldentrauben an Kurztrieben; V–VI.

Frucht: Kleine Balgfrüchte, wenig auffallend.

	*2–3/ 2–3 m*
	*V–VI*
	*2–5/ 1,5–3 cm*
	•

Standort: Nährstoffreiche, durchlässige Gartenböden in sonnigen Lagen.

Verwendung: Einzeln, in Gruppen oder als Hecke in Gärten und Parks.

Sonstiges: In allen Teilen größer als *S. × arguta*.

Symphoricarpos albus
Gewöhnliche Schneebeere
Caprifoliaceae, Geißblattgewächse

Heimat: Nordamerika: Von Alaska bis Kalifornien.

Wuchs: Durch viele Ausläufer dichter, leicht überhängender Strauch.

Blatt: Gegenständig angeordnet, eirundlich, 4–6 cm lang, bläulich grün, behaart.

Blüte: Rosa-weiße Glöckchen, bis 10 mm lang, an Achseln und Triebenden in Ähren; ab VI–IX.

Frucht: Kugelige, beerenartige Steinfrucht, 1–1,5 cm, schneeweiß, giftig.

Standort: Völlig anspruchslos an Boden, Klima und Standort.

	0,8–1/ 1 m
	VI–IX
	4–6/ 3–5 cm
	•

Verwendung: Für Grünstreifen, Böschungen an Straßen und in Parks.

Weitere Arten: *S. albus* var. *laevigatus*, 1,5–2 m hoch, sonst wie die Art, aber Blättchen kahl. Häufig in Kultur.

Sonstiges: Nicht an Kinderspielplätze!

Syringa vulgaris

Gewöhnlicher Flieder
Oleaceae, Ölbaumgewächse

Heimat: Südosteuropa.

Wuchs: Aufrechter Großstrauch, vieltriebig, gabelig verzweigt, Knospen gegenständig. Graue, kahle Triebe. Borke graubraun, rissig, abblätternd.

Blatt: Breit eiförmig, zugespitzt, dunkelgrün, glattrandig, 5–12 cm lang.

Blüte: 4-zipflige Röhrenblüte, lila, in dichten, 10–15 cm langen Rispen; V–VI.

Frucht: 2-fächrige Kapsel, hält lange am Strauch (Entfernen ist sinnvoll).

Standort: Nährstoffreiche Gartenböden in voller Sonne.

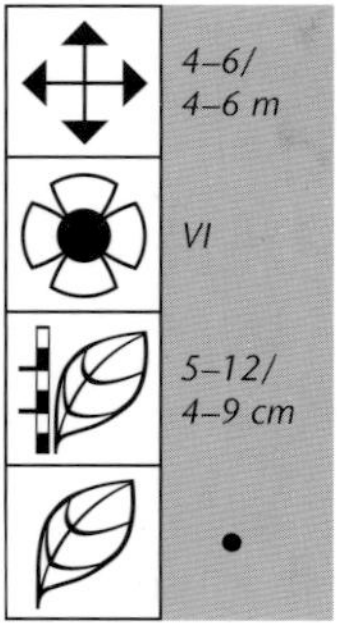

Verwendung: Einzeln oder in Gruppen in Gärten und Parks.

Sorten: ‘Andenken an Ludwig Späth’, violettrot. ‘Mme. Lemoine’, weiß, gefüllt.

Sonstiges: Zusätzliche Düngung und Wässerung im Frühsommer günstig. Schnittpflanze. Auch zur Treiberei.

?

Tamarix parviflora
Kleinblütige Tamariske
Tamaricaceae, Tamariskengewächse

Heimat: Südosteuropa.
Wuchs: Strauch oder Baum mit stark überhängenden Zweigen, lockere Krone. Triebe dunkel violettbraun.
Blatt: Schuppenförmig, wechselständig, sich dachziegelig überdeckend, klein.
Blüte: Rosa, vierzählig, in 3–4 cm langen Trauben, am vorjährigen Holz; V–VI.
Frucht: Kleine Kapsel, 3–7 mm groß, unscheinbar.
Standort: Durchlässige, trockene Plätze in voller Sonne.
Verwendung: Einzelstellung in Vorgärten, an der Terrasse und in Parkanlagen.
Sonstiges: Salzresistent, trockenheitsliebend.

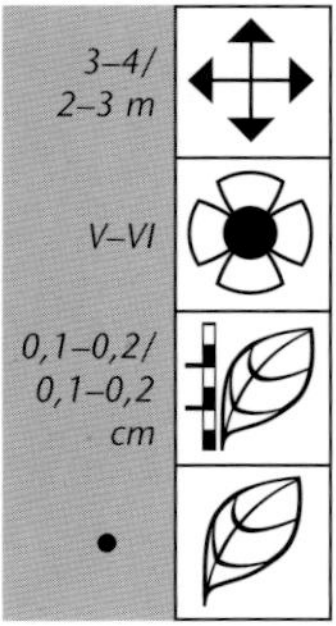

?

Tilia platyphyllos

Sommer-Linde
Tiliaceae, Lindengewächse

Heimat: Nord- und Südeuropa.
Wuchs: Bis 40 m hoher Baum, breit eiförmige Krone, stark verzweigt. Borke grau, glatt, glänzend, später längsrissig. Triebe olivgrün, flaumig behaart.
Blatt: Wechselständig, bis 15 cm lang, breit herzförmig, unterseits weiße Bärtchen in den Aderwinkeln, gelbes Herbstlaub.
Blüte: Hellgelbe Zwitterblüten, zu 2–5 in hängenden Trugdolden; VI–VII.
Frucht: Filzige Nussfrucht, deutlich 5-kantig, 8–18 mm groß, verholzte Schale.
Standort: Tiefgründige, nährstoffreiche Lehmböden im Halbschatten, liebt Feuchtigkeit.
Verwendung: Einzeln, in Gruppen oder Alleen, in Parks.
Sorten: 'Pallida', Auslese aus *Tilia × vulgaris (T. cordata × T. platyphyllos).*
Sonstiges: Anspruchsvolle Baumart, nicht für die Stadt.

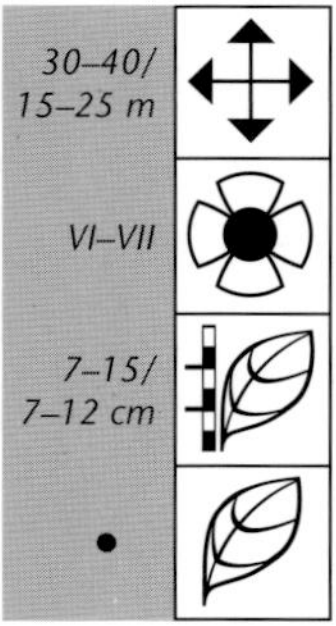

Foto: Dr. Helmut Pirc

?

Ulmus glabra

Berg-Ulme

Ulmaceae, Ulmengewächse

Heimat: Europa, Vorderasien.

Wuchs: Mächtiger Baum bis 40 m Höhe, Krone ausladend, Stamm gerade. Borke grau, glatt, im Alter längsrissig, Triebe olivgrün bis rotbraun.

Blatt: Wechselständig, breit eiförmig, zugespitzt oder 3-spitzig, 8–12 cm lang, Basis asymmetrisch, oberseits rau behaart, mattgrün, im Herbst gelb.

Blüte: In Büscheln, Staubblätter dunkelrot, Narben rosa; III–IV.

Frucht: Geflügelte Nussfrüchte, 2–2,5 cm lang, breit elliptisch, in Büscheln.

Standort: Kalkhaltige, nährstoffreiche, frische bis feuchte Böden.

Verwendung: Landschaftsgehölz, einzeln in grundwassernahen Auwäldern, Parks.

Sorten: Wenig anfällig gegen das Ulmensterben (Pilzkrankheit) sind ‘Dodoens’, ‘Lobel’, ‘Recerta’. ‘Pendula’, Hängeform 3–5 m hoch.

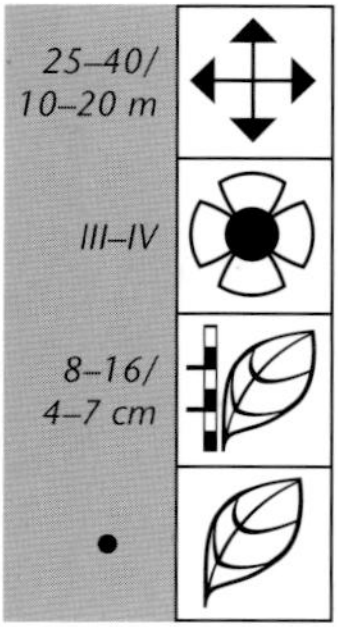

Foto: Dr. Helmut Pirc

?

Viburnum × burkwoodii

Burkwoods Schneeball, Wintergrüner Schneeball
Caprifoliaceae, Geißblattgewächse

Heimat: Züchtung aus *V. carlesii* × *V. utile*.
Wuchs: Reich verzweigter, kugeliger Busch, Triebe braunfilzig.
Blatt: Gegenständig, eiförmig, bis 7 cm lang, oberseits glänzend grün, unterseits graugrün filzig, im Herbst oft orangerot, wintergrün.
Blüte: Hellrosa Röhrenblüten, 1 cm breit, innen weiß, in dichten Blütenbällen, stark duftend; III–IV. Nachblüte im Herbst.
Frucht: Schwarze Steinfrucht, länglich oval, 1 cm lang, giftig.
Standort: Nährstoffreiche, humose Gartenböden in voller Sonne.
Verwendung: Einzeln in Hausgärten und Parks.
Weitere Art: *V. × pragense*, Prager Schneeball, nur 2–3 m hoch, für kleinere Gärten.
Sonstiges: Herrlicher Blüten- und Duftstrauch.

1,5–2/ 1,5 m
III–IV + IX
5–7/ 5 cm
•

Foto: Eberhard Morell

?

Viburnum farreri

(Syn. V. fragrans)
Duftender Schneeball
Caprifoliaceae, Geißblattgewächse

Heimat: Nord-China.

Wuchs: Straff aufrechter, Strauch, sparrig verzweigt, Triebe rotbraun.

Blatt: Sommergrün, gegenständig angeordnet, länglich elliptisch, 4–10 cm lang, Blattgrund keilig, auffällige Aderung und gesägter Blattrand, im Herbst braun.

Blüte: Hellrosa Röhrenblüten, 1–2 cm lang, in dichten Rispen; auffälliger Duft nach Vanille, ab XI–IV, Hauptblüte III.

Frucht: Erst rote, später schwarze Steinfrüchte, 1 cm lang, selten.

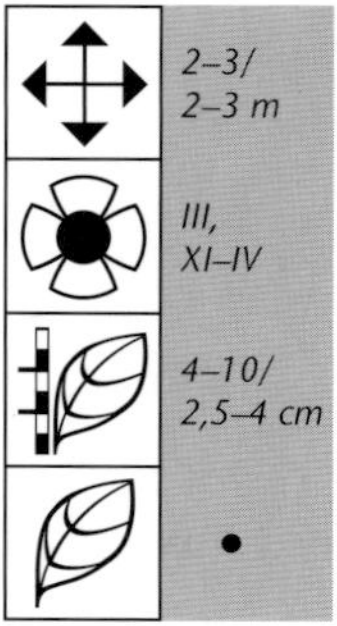

Standort: Frische, tiefgründige Gartenböden in sonnigen und halbschattigen Lagen.

Verwendung: Einzeln in Hausgärten und Parks.

Sorte: *V. bodnantense* 'Dawn', ähnlich, aber in allen Teilen stärker, hellrote Blüten.

Sonstiges: Auffälliger Vorfrühlingsblüher und Duftstrauch.

Foto: Dr. Helmut Pirc

?

Weigela florida

Liebliche Weigelie
Caprifoliaceae, Geißblattgewächse

Heimat: Ostasien.
Wuchs: Breit aufrecht, überhängende Triebe, 2–3 m hoch, Triebe hellbraun, Lentizellen, gegenständige Knospen.
Blatt: Eiförmig zugespitzt, behaart, 4–11 cm lang, mattgrün.
Blüte: Becherförmig, 3–4 cm lang, 5-teilige Kronblätter, rosa, an endständigen Trugdolden; V–VI.
Frucht: 2-klappige, geschnäbelte Kapsel, 20–30 mm lang, braun.
Standort: Nährstoffreiche, tiefgründige Gartenböden in voller Sonne.
Verwendung: Einzeln oder in Gruppen in Hausgärten und öffentlichen Anlagen.
Sorten: Viele Sorten, z.B.: 'Bristol Ruby', karminrot (Bild). 'Eva Rathke', rot.
Sonstiges: Wenige Sorten lieben saure Böden ('Eva Rathke').

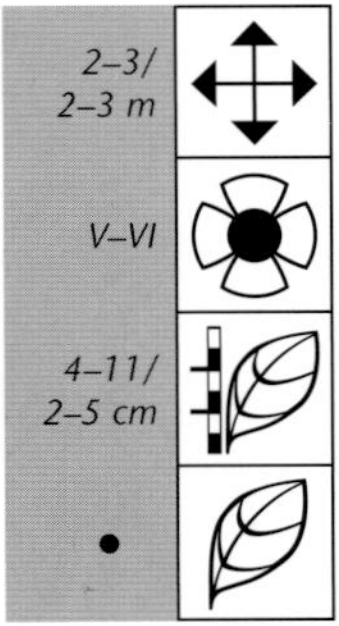

Wisteria sinensis

Chinesischer Blauregen, Glyzine
Fabaceae, Hülsenfrüchtler

Heimat: China.
Wuchs: Rasch wachsender, linkswindender Schlinger, Triebe graugrün, kann im Alter sogar mächtige Stämme bilden.
Blatt: Wechselständig, unpaarig gefiedert, 20–30 cm lang, gelbgrün, im Herbst gelb gefärbt. Blättchen eiförmig zugespitzt, 2–10 cm lang.
Blüte: Blauviolett, 1–2 cm groß, an 15–30 cm langen Blütentrauben; IV–VI.
Frucht: Graue, 100–150 mm lange Hülsen mit 1–3 giftigen Samen, hängend, selten.

	8–10/ 5 m
	IV–V
	20–30/ 10– 20 cm
	•

Standort: Nährstoffreiche, sandig humose Böden in voller Sonne.
Verwendung: Stabile Klettergerüste an Wänden und Pergolen, benötigt viel Platz.
Sorten: 'Alba', weiß.